U0074543

一九五〇年

香港指南

湯建勛著

民華出版社印行

（上）從半山下瞰維多利亞城最繁華的中環區

（左）香港最大的建築物——匯豐銀行大厦

（上）滙豐大厦前的和平紀念碑廣塲。高等法院每年一度在塲上舉行隆重的中古時代儀式。

（中）維多利亞女皇銅像

（下）香港統一碼頭

自般含道下瞰

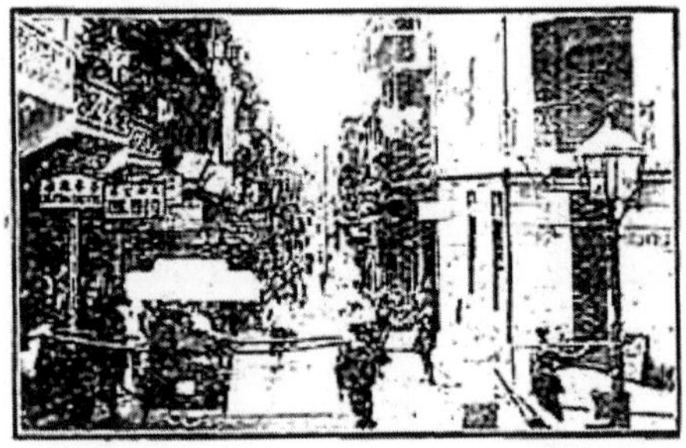

雲咸街上，煤氣街燈・山轎・狹巷
還保留着幾十年前的香港氣息

山頂

跑馬場全景

大潭水塘

登山要道——花園道

半山寶雲道的濾水池

跑馬場上的壯麗看台

登山纜車的起點——花園道纜車站

登山纜車

纜車道與寶雲道的交叉點，是纜車道中最陡的一段。

從纜車上望幽靜的麥當奴道

萬金油花園中的七級浮屠

萬金油花園鳥瞰

兵 頭 公 園

兵頭公園的噴水池

廣九鐵路

廣九鐵路的起點尖沙咀站

天星輪渡九龍碼頭
每日經此渡海者約七萬五千人

香港仔海濱，設有許多海鮮酒家。

淺水灣頭，碧波黃沙，每入泳季，遊人如織。

長洲歸帆

香港仔之晨

名作家蕭紅墓（在淺水灣）

最大的旅館——九龍半島酒店，其外觀頗似東京的帝國飯店。

天文台（在九龍漆咸道上）

大埔道上

青山禪院前的牌坊
上有第十九任港督金文泰題字

遠眺九龍城與白鶴山獅子山

最新香港指南目錄

今日香港

旅行篇

娛樂篇

居家篇

今日香港

一　概況

掌故　香港歷史，可以分三個時期敘述：一是香港被英國割據以前的歷史，二是被日本人侵佔以前的歷史，三是香港重歸英人統治的時期。

據考古家近年在香港附近博寮洲（又名南丫島）發掘的結果，證明香港在史前石器時代，已有人跡。但到蒙古人侵略中國，宋帝昺在西曆一二八一年從北方逃到九龍時，才見諸歷史紀載。據說宋帝逃到九龍，在一石隙中棲息，等候海外的來船。由此可見，當時九龍附近，已有通海外的船舶來往，成爲中國對外貿易的經過地。

明室傾覆（一六二八），一部份有民族思想的百姓和士兵，恥受滿清統治，遁跡到島上來，以漁樵爲生，居民乃逐漸蕃殖。

在這以前，香港便被認爲海盜出沒的區域。其實查考各國歷史，初期的對外貿易，與海盜是分不開的，從事海上貿易的，大都以掠劫其他商船爲副業。這樣演變下來，到清代嘉靖年間（一八〇六——一八一〇），據說有個巨盜叫張保仔的，以香港爲根據地，嘯聚了幾千人，擁有幾百艘船隻，搶劫商船，使當時企圖獲得遠東市場的西方商人，大感頭痛。葡萄牙人稱當時的香港爲賊巢島（葡人是時已佔澳門），英葡史冊，對當時香港海盜的記載頗多，一方面這種歷史多少有些事實，另方面則爲當時的西方國家，爲了想從奪取市場到武裝佔領，故意加强對於海盜的渲染，冀圖製造口實。

西方國家從事不正當貿易的結果，在道光十九年（一八三九）爆發了鴉片戰爭。英國兵艦商船勢孤力弱，被林則徐逼出了珠江，駐紮香港。翌年一月，就有英國海軍在香港登陸。當時島上的居民祗有兩種人：一部分是明季自東莞逃來的本地人（香港原爲東莞縣屬，後劃設新安縣，繼改寶安縣），多務農，操廣州語；一部分是從粵北移殖來的客籍人，操客家語，業漁農，即所謂客家人；其餘則爲業漁樵的海陸豐移民，即鶴佬人。所謂海盜，微之又微，可見外國歷史上關於香港海盜的記載，不過是一種故意的誇張。

英國海軍的佔據香港，是有目光的：第一、香港爲華南門戶，要確保未來的中國市場，非佔據這交通樞紐不可，同時更可以利用香港的地位，壓倒當時比他更佔優勢的葡萄牙商人。第二、在他們過去經營商業路過香港的時候，就發現香港的山泉，水清味甘，所以在威脅了滿清政府後，提出了割讓香港的要求。

滿清政府，顢頇無能，對這個當時在地圖上找不到的無名小島，懵無所知，所以在道光廿二（一八四二）年八月訂立南京條約時，慷慨地把今日的香港本島，割給英國。

要證明在鴉片戰爭以前，英國就有經營香港的企圖，可從下面兩事看到。一八三四年，有英國伯爵納派雅，建議英廷，請令印度軍事當局，派遣軍隊來華，保護英商利益，並建議先取珠江口的香港島爲軍事根據地，以確保英軍的交通線。又二年，英國有政治家名喬治羅賓遜勳爵的，對上面的主張作有力主持，說：保護英國在華的商業地位，舍軍事以外無他途，也主張在該處（廣州）附近，佔領一島，作爲軍事根據地。於此可見：雅片戰爭對於英國佔據香港，也不過時機可乘而已。

英國海軍佔領香港後，便作久居之計，當時的九龍半島居民，拒絕與英人交易，使英人在食糧上大感困乏。於是英駐華欽使兼商務總監海軍少佐查禮義律，在一九三九年九月四日，率領窩憲士號、珍珠號，剌芝號三軍艦，攻打九龍，一度與當地駐軍「九龍協」，作戰於九龍灣。

英海軍在香港樹立英旗，是道光二十年十二月十七日（西曆一八四一年一月十五日）的事。一八四二年南京條約訂立，香港正式算是英國屬地，隸印度總督管轄。次年，英廷宣佈由英廷直轄，這是香港政府成立的開始，當時的行政長官便是查禮義律。

英國人經營香港，確費了一番苦心，在起初的二十年中，遭逢了許多困難，尤以幾次疫厲爲甚，幾乎使他們放棄原定計劃。直到一八六〇年，才有起色。香港是個孤島，四面受敵，沒有大陸保障，不但糧食困難，算事形勢上也不能穩固，因此在一八六〇年十月廿四日締結北京條約時，英國乘機提出了割讓九龍半島南端的要求，滿廷保持他的統治要緊，凡有所求，無不接納，於是今日九龍界限街（「界限」兩字便是這樣來的）以南的半島土地，和其西方的昂船洲小島（現在是設防的軍事島嶼，禁止居民上陸，上面建有無線電台），便變成了英國屬地。到了一八九八年六月九日，英人又要求拓展，清廷乃允以今日的新界，租借給英國，租期九十九年，計算起來，在一九九七年六月九日便將滿期。所謂「新界」，卽自界限街起，到粉嶺北的小河，與深圳交界。交界線東起沙頭角，西迄落馬湖，面積二百八十六方哩。此外又包括香港附近的三十三個島嶼，計九十方哩，比起原日的九龍來，大了九十四倍。

這便是總面積四六二方哩，人口二百餘萬的香港產生的歷史。

當你踏上香港陸地的時候，也曾回憶過這百多年來的歷史沒有？

原日的香港市區，並不是現在這般模樣的。

六七十年以前，除了香港仔和筲箕灣的漁民區以外，香港市區，祇有三條馬路，近海處是皇后道，當時又叫「第一馬路」，上面荷里活道，叫做「第二馬路」，再上面是寶雲道，便是「第三馬路」，已是半山區了。到以後因房屋建築增多，平地太少，於是用山泥塡闊海濱，原來的海旁，變成了今日的德輔道，另在塡築了的海旁，建築今日的干諾道。這樣又繼續了三十多年，直到一九二五年省港大罷工（註）以後，國內多故，造成了香港的繁榮，市區又感不足，於是又計劃塡築跑馬地外面的海灣。

（註：一九二五年的香港大罷工，是鄧發領導的，當時各業工人全部參加，包括僕歐和清糞工人，滿街都是糞便，香港變了「臭港」，港政府不得不放出監犯，淸除路上的積穢。）

當時沒有所謂灣仔，但跑馬地在香港被佔十年後，早成爲賽馬場了（當時不准華人入內），而且週圍也逐漸繁盛。跑馬地的出口處，有座摩理臣山。山之北是莊士敦道，道上有電車行走，便算海傍。政府的計劃是將海灣塡平，自今日的海軍船塢起，到銅鑼灣外的燈籠洲（加列島）止，塡出一塊平地，容納二十萬到廿五萬居民。計劃實行的結果，產生了一個倖運兒，原來當日香港的山泥，已沒有那樣多，如果想從九龍運去，所費不貲。這時摩理臣山的主人（他是以二十餘萬元買來），正想把摩理臣山劃平，建築住宅區，而沒有辦法運卸開下的山石。於是他向政府索取高價，供給塡海的沙石。一拍即合，山還沒有開到一半，這個人便獲利十倍了，直到現在，摩理臣山住宅區還未築成，在摩理臣山道之北，灣仔道之南，還留着這麼一座沒有開完的摩理臣山。但居民稠密的灣仔區：軒尼詩道，洛克道，高士打道，卻自此從地平線下湧現了。

在省港大罷工當時，到港的船舶，大都泊在現在灣仔杉排（今軒尼詩道口）的地方。電車到銅鑼灣後，便沿着海邊（現在的電器道，當時已建有電燈廠）到筲箕灣，後來把山坡開平，才有今日的英皇道。北角方面，塡海的工作，至今還沒有停止。

近幾十年來的香港，眞所謂滄海桑田，不但表現在郊內外的馬路和建築上，不但表現在避風塘的堤壩上，一個初到香港的人，決想不到今日的高等法院，還是海面；皇后道巍峨的亞細亞行，是座鐘樓（至今娛樂戲院與香港大酒店一帶，俗稱「大鐘樓」），樓下的店舖不過是些夜冷館（拍賣行）；皇后戲院，祇是家古董顧繡店；頹垣殘壁的名園，在十幾年前還是規模宏偉的遊樂場，煕攘一時。要之，今日香港之成爲「英皇冠冕上最燦爛的寶石」，雖說是英國人的規劃經營，有以致之，但也無非是我國勞苦大衆血汗凝成的結晶。

人口　香港成爲兩百萬居民的商埠，　可以說全是拜受了近百年來淸室腐敗，　我國軍閥內鬨，日本人的侵略，和國民黨殘暴統治之賜。　一九二〇年時，香港人口還祇有六十多萬，此後年年增加，到太平洋戰爭發生當時，已增加了近三倍——一百八十萬。日本人佔據香港後，爲了糧食困難，强迫疏散了九十七萬三千人，加以死亡的很多，人口激減，復員以後，才激增到兩百多萬人。歷年的公私統計如下：

（年度）	（人口）	（附註）
一八四一年初	二、〇〇〇	香港本島上原有人口
一八四一年五月	五、六五〇	英人佔據的一年
一八五〇	三三、二九二	（內非中國人一、三〇五）
一八六五	一二五、五〇四	併入九龍，（內非中國人四、〇〇七）
一八七二	一二一、九八五	（內非中國人六、四二一）
一八八一	一六〇、四〇二	（內非中國人九、七二一）
一八九六	二三九、四一九	義和團之亂前夕（內非中國人一二、七〇九）
一八九九	二五九、三一二	已租借新界（內非中國人一五、八二二）
一九〇一	三〇〇、六〇〇	正式調查（內非中國人二〇、〇九六）

一九一一	四六四、二七七	（內非中國人一八、八九三）
一九二一	六二五、一六六	（內非中國人一四、七九八）
一九二五	七二五、一〇〇	（內非中國人一九、〇〇〇）
一九二六	七一〇、一〇〇	大罷工後人口減少（內非中國人一九、〇〇〇）
一九三一	八四九、七五一	正式調查（內非中國人二八、三二二）
一九三七	一、〇〇六、九九二	七七事變前夕（內非中國人二二、五八二）
一九四〇	一、八二一、八九三	日本侵略我國，各地居民港逃（內非中國人二三、七〇八）
一九四一	一、六三九、三五七	防空人員調查，居民恐征兵，大都少報。
一九四五	六〇〇、〇〇〇以下	日本投降後是年九月估計。
一九四六	一、五〇〇、〇〇〇	官方根據水陸交通搭客作成的非正式統計。
一九四七	一、七五〇、〇〇〇	同　右。
一九四八	一、八〇〇、〇〇〇	同　右。
一九四九	二、〇〇〇、〇〇〇以上	私人估計。

日本佔據期間的一九四三年九月底，香港有八十六萬人左右，其中香港本島卅九萬二千人，九龍卅七萬六千人人，新界九萬二千人。此中有中國人八十四萬七千，日本人六千，非中日人約七千。

無論在那一年看，中國籍居民總是佔百分之九十以上，根：一九四七年底的統計，非中國人僅有一萬一千人（公務員除外），其中英國籍約七八千，這數目中還有英籍葡萄牙人三千人，印度人二千二百人，葡萄牙人九百六十九人，美籍者四百二十一人，菲義法荷四國人約一百五十二人，無國籍的一百九十五人。這些西籍居民，職業大部分是銀行輪船公司的職員和敎會人士。

香港的居民，失業無業的人很多，在一九三一年時，有業者祇佔全人口百分之五十二點八七，比半數才多一點。

香港的職業別調查，只有在日佔時期有過。據一九四三年五月到九月間的調查，全人口八六三、三九九人中，有業者佔全人口百分之五十五點七，計四九七、〇〇〇人。如果以有業的人爲百分之一百，則：

商業	一五六、五三一人	三一・五%
農業	七二、七四三	一四・六
工業	六五、四七二	一三・二
運輸業	二二、六六七	四・六
水產業	一八、四七八	三・七
礦業	一、三七五	〇・三
自由職業	一〇、九二二	二・二

自由勞動（小販等）	四〇、二三一	八・一
公務	一三、八四二	二・八
家事	五三、五八二	一〇・八
其他	四〇、九〇三	八・二

最近的統計還沒有，不過有一點是任何人都承認的，卽由於上海在解放前有一部分工業南遷，產業工人數大爲增加，次之由於避難者的衆多，使無業者的數目也增多了。

鳥瞰　從地圖上看，香港本島位在北緯廿二度三分至卅七分，東經一一三度五十二分至一一四度三十分之間，是個狹長的小島，東西橫亙在九龍半島的南端。他的大小，東西長約十一英里，南北則寬二至五英里，面積約三十二方英里。

這個島，距上海八三〇海里，距海防四八〇海里，距馬尼拉六四〇海里。

如果搭飛機到香港，可以看到香港本島的中部是連綿的山岳。稠密的市區，位在島的北邊。其他各邊，只有散散落落的房子。

市區雖是連成一片的，但在習慣上卻劃成許多區域。自西而東，作着下述的排列：

西區（又名西環）｛堅尼地城、石塘咀、西營盤｝

香港市區

- 中區
  - 上環
  - 中環
  - 下環
  - 灣仔
  - 鵝頸
  - 跑馬地
  - 掃桿埔
  - 銅鑼灣
  - （上環至銅鑼灣：維多利亞城）
- 東區
  - 大坑
  - 七姊妹（北角）
  - 西灣河
  - 筲箕灣
- 山頂區——山頂

在島的另一邊——南邊，自西而東，是薄扶林、香港仔、淺水灣、赤柱、石澳。除了香港仔、赤柱、石澳有些市街和村落外，其餘各區，人口很少。其中赤柱有一個大規模監獄，這是香港高等人自認爲得意、而向外省人誇耀爲「遠東第一」的（其實巴士的大監獄，也沒有替法國贏來榮譽）。

即使是初到香港的，也決不至迷路。因爲香港市區道路「經」多「緯」少。中間是電車路，北方是海，南方是山，目標顯著。這條電車路，除了山頂大坑兩區以外，便橫貫過各區。（跑馬地在支線上）

再說九龍。九龍是個三角形的半島，從香港看去，九龍的街道，好像一個倒立着的阿拉伯「4」字，「4」字的頂端，恰指向香港。譚公道、馬頭圍道、漆咸道，是右面的邊；彌敦道、大埔道、靑山道，是左面的邊。這兩條邊便在「尖沙咀區」匯合，右面的邊上，貫穿着「紅磡」，「土瓜灣」、「馬頭角」三區，而以「九龍城區」爲止點。左面的邊上，貫穿了「油蔴地」、「旺角」、「深水埗」、「長沙灣」而達「荔枝角」區，倒4字的橫線，便是太子道，一邊通九龍城，一邊穿過旺角與深水埗的交界，而達「大角咀區」。在太子道的兩面，一面是「何文田區」，一面是「九龍塘區」。記住了這倒4字形，就不怕迷路了。

主要的商業區在香港中區和九龍彌敦道上。主要的工廠區在香港的筲箕灣和九龍的紅磡、土瓜灣、深水埗、馬頭角和荔枝角。

住宅區如以上中下三等來分，則上等的在香港的山頂，跑馬地，北角；九龍的尖沙咀、何文田、九龍塘。下等的在香港的筲箕灣、西灣河、九龍的九龍城。其餘各區，都算得中等。

新界方面，全部是農業區。行政上的分區是：荃灣、元朗、新田、上水、沙頭角、大埔、沙田和西貢，八個區中包括着四百個左右的村莊。

散處在海中的島嶼，主要的是大嶼山，該島比香港大兩倍。其餘是博寮洲、青衣島、長洲、坪洲、鴨脷洲、昂船洲、汲水門島、蒲台島、螺洲、東龍洲、大丫洲、小丫洲、横欄等。

二　政治

政制　香港政府，隸屬於英國的殖民部（俗稱理藩院）．殖民部在法律上是由英皇管轄的。

港府的最高長官是總督，管轄着立法司法行政三個部門，他在平時兼攝總司令職，所**以又統率着香港的海陸空軍。現任的是香港**開埠以來第廿六任總督，官方公佈的華譯名**是葛洪量爵士（Sir Alexander William George** Herder Grantham, K. C. M. G.），總督府**設上阿厘畢道。**

一、立法部門　立法局是由總督委派的中西議員組成的　大部份是港府各機關現任長官，小部份是「非官議員」　但也由總督委任。華籍議員向來不多，現任的是周竣年、周錫年、羅文錦等。

復員以後　港政府鑒於時勢所趨，有設立市政局的計劃，準備再吸收一些非官人士和華籍人士，參與立法工作，但至今各方面意見紛歧，還沒有下文。

二、行政部門　由輔政司秉承總督意志，負責行政工作，這是香港政府最大的一部，其中包括：（括號內爲現任長官及地址）

輔政司（列誥），職務等於我國政府的祕書長，官署在下阿厘畢道。輔政司署下轄圖書、人事、金融統制、房屋土地管理、議政局祕書和護照管理等處。

華民政務司（杜德），管理有關華籍居民的事。官署在消防局大廈二樓，下轄勞工（處長蘇雲）、過埠旅客查驗、華文書報註册、娼妓婦女註册等處和社會局。社會局是專門處理婦孺及救濟的機關。

工務局（代局長尼高），下轄官產、土地測量、渠務工程（以上在下亞厘畢道）、建築工程、港口工程（以上在聖佐治行三四兩樓）、電機工程、道路及溝渠工程（以上在郵局大廈三樓）等處。又轄水務局（聖佐治行二樓）工務運輸局（加路連山）。

醫務總監（牛頓），官署設在滙豐大廈二樓。下轄市政衞生局（又名清淨局，局長懷禮，下轄小販牌照管理處、市場牌照管理處，屋宇清潔檢查處等，在郵局大廈五樓）、化學化驗處（消防大廈五樓）、港口衞生處、獸醫處、華人醫院管理處、生死註册處（在皇帝行地下）、解剖房、各公立醫院及醫局、病理學研究所。

地方稅務局（麥特尼），設皇室行五樓。專管公司利得稅、營業利得稅、薪俸稅等等之徵收事宜。

警察司（麥景陶），官署設遮打道東方行。下轄中央、半山、山頂、灣仔、西營盤、薄扶林、香港仔、東區、筲箕灣、黃泥涌、灣景、赤柱、油蔴地、旺角、九龍城、紅磡、深水涉、荃灣、水師、大埔、上水、元朗、平山、沙田、沙頭角等各署（以上分設各該區內，水師警署在尖沙咀），及消防總局（德輔道中）、總偵探部、情報部、移民護照部，罪犯調查處（以上在東方行）、車輛交通管理處、領軍械及危險品執照處、度量衡檢驗處、交通警察、衝鋒隊、汽車執照處（以上在中央警署）等機關。

財政司（富羅士），官署在輔政司署內。轄屋宇地稅估價處、厘印總局、納餉處、核數處等機關。又轄無線電牌照管理處（在郵局大廈）。庫務司署在遮打道四號A二樓。

教育司（羅威爾），官署在禮頓山道電話公司大廈三樓及干諾道消防大廈內。設有評議會，下轄漢文視學處，英文視學處，學校衞生行政處。

航政司（賈瀾），官署設干諾道中。下轄船舶登記處、燈塔管理處、商航局、水上裁判處，驗船處。

海關出入口署（監督謙士和）設消防大廈。下轄緝私處等。

新界理民府（乾景彌）官署在半島酒店二樓。

監獄司，轄各監獄、獄犯印刷工場、監獄醫務處等。

工商供應處（裴伯司威特），下轄燃料統制局、工業統制局（以上在有利銀行樓上）、市場統制局、物價統制局、物品徵用局、穀米統制局、船舶倉庫管理局（以上在舊市衞生局址）、陸上運輸管理局（在積臣道香港會）。

敵產管理處（嘉利），在德輔道正和銀行原址。

九廣鐵路局（杜利華），在尖沙咀火車站。

天文台（希活），在九龍漆咸道。

郵政總局（李佐安）在必打街，除轄各郵局外，並轄電訊部（在郵局三樓），管理電報局，廣播電台（在必打行三樓）。

政府新聞處（郝弋登），在告羅士打行地下。

發展復興處（香樂斯），下轄農林署（香樂斯兼）漁政署（蓋達），以上設郵局大廈二樓。又轄森林局，在德輔道中紀念銅像廣場。

政府物資管理處，在電器道。

三、司法部門　最高機關爲高等法院（白樂高），下轄註冊署、律政司（祁利芬）、田土廳、婚姻註冊處、商標專利註冊處、公司註冊處、報窮事務處（管宣告破產）、租務法庭（以上在昃臣道）、香港裁判署（在亞畢諾道）、九龍裁判署、九龍租務法庭。

四、軍事部門　港督兼總司令，下轄陸海空三司令：陸軍司令孟瑞中將，空軍司令戴維斯准將，海軍司令勃朗菲准將。據報上紀載，現有駐軍約兩萬數千人。

法律　香港的法律，多數適用英國本土的法律，單行法很少，在執行上，也頗有彈性。又爲適合居民最大部份的中國人起見，在處置有關中國風俗習慣方面的事，便參照中國的法律。不過他們參考的藍本，是前清末年而非民國時代的，所以多不合用。港府於一九四九年一月，曾組織委員會，研究有關中國風俗習慣的法例，將來可望改善。

違法的人，先由香港或九龍裁判司署審訊，裁判署是初級法庭，這是第一審，如不服則至高等法院上訴，這是第二審，再不服可請求覆審，這是第三審，如遇到法律的解釋上有疑問時，更可以上訴至英國的大理院。

普通的違警事件，都由裁判署審理，所以裁判署又稱警察法庭。但刑事案應處徒刑若干時期以上，及民事訴訟（港呼錢債官司）滿二千元以上的，統要經過高等法院。上訴到英國大理院的案件很少。

在香港　能有錢請得起律師的，往往佔到便宜，因爲英國人處處顧到法律，不大顧到人情，於情可願與法不合的案件，仍要依法辦理，只要能引用法律條文，看似不勝的案子也能勝訴，所以不打官司則已，打則非請律師不可。又如有犯法嫌疑的人，法官若准許繳保款，而一時之間不能繳出，可由律師暫時保證，出來後再繳保款。

由下面的例子可以看出律師在香港何等重要：一是徐繼莊案，審訊經年，徐方律師援引政治犯不得引渡的法律，於是徐氏自說是爲了組織政黨而被通緝的，結果竟未引渡。十年前曾聽說一個故事，有個人因爲穿越馬路，爲交通警拉了一下，於是請律師提出控訴，結果獲勝。打官司在香港，是非固然要緊，一個辯才無礙有舌如簧、或有地位做到「皇家律師」的律師，尤其重要。

初級法庭，在審判時可請普通律師出庭辯護，高等法院，則只有「大律師」可以出庭，如果不認識大律師，則由普通律師代請。香港的大律師不多，出庭費用極大，所以有些善於放債的人，譬如放出五萬元，便令債務人每五百元一張地寫借據，或分了日子寫，如此，因爲不滿兩千元，用不到上高等法院，祇要一張判令歸還，其餘的便可援例申請勒令歸還。

還有一椿有趣的事，凡是錢債官司，債務人能證明其無力歸還時，便無法可想。債權人如欲債務人坐獄，則須代付他在獄中的費用。愈是債務大的官司，債務人越便宜，在獄中可以吃大菜，因爲債多足以證明他是有地位的人，必須吃大菜。所以香港人對於處理債務的事，都十分謹愼。

初級法庭是審顯明違反法律的案件，到了高等法庭，便成爲應援用何項法律之爭。所以到了高院，一件案子，往往會經年累月，不能結案，常會發生訴訟用費，大於引起爭執款項的現象。香港「有地位」的仕女，例由政府公佈爲陪審員，必須准時出庭，否則也是犯法。畢審後照例由法官向陪審員道謝，並聲明免再出庭若干年。

租務法庭，是香港爲適應目前特殊情況而特設的法庭，過去曾委律師審理，現在已有專任的法官。但其處理的租務案件，因為數目太多，頗有積壓，一案之決，大概費時半年。至於審訊小販和交通案件，港府委「太平紳士」担任義務法官，所以又稱「紳士法庭」。

從大體上講，香港政府，不失為一個守法的政府，有錢人能請好律師打赢官司，但決沒有像國民黨的法庭那樣地賄賂公行的。當然，香港的法律是資本主義國家的法律，這種法律是保護有錢人的。

出名的大律師有「些路頓」等。

特點　香港政治有幾個特點。（一）政府機關辦事極有效率，態度認眞，凡居民有所詢問、陳訴，不論書面或當面，都予以接受。如為書面，也沒有像國民黨政府那樣講究官派，必須要寫公文，普通的信函形式，一樣也被接納。

（二）華民政務司，是英國各遠東屬地特設的機關，專門處理華籍居民的事，如家庭糾紛的調解，婢女養女的保護，勞工糾紛的仲裁，華文書報雜誌的登記檢查，社團的登記等。其職司之小者，甚至放鞭砲領證書，貼街招領證書，也都由華民政務司管理。凡到華民政務司去有所申訴的，如果是書面，可以用中文，便利不識英文者不少。不過華民政務司在解決糾紛時，祇是調解機關，而不是審判機關，正式的法律訴訟，仍舊要在司法機關中進行。

（三）香港政府的統治，得力於紳士制度者頗大。他們對於「紳士」，相當優禮。

所謂紳士，不是有錢人都是紳士，而須經過相當階段。最初，先被選作東華三院總理，東華三院是一個慈善團體（以醫院爲主的），每年不敷甚鉅，除了每年作一次賣花籌款外，作總理的都要捐出一兩萬元來，所以當三院總理，必定是有錢人。第二個階段是當保良局董事，保良局也是慈善團體，收容無告婦女並教育她們，也是個賠錢機關，當董事的必須負責籌措款項。當過保良局董事，才有資格被港府委任爲「太平紳士」（Justice of Peace），是卽所謂紳士。

紳士在某種場合下，可作法律上的保人，如定期出版物登記，例須三千元現金保，但太平紳士的書面保，一樣也有效力。他在政府委託之下，有權搜查居民住屋。

太平紳士並不是紳士制度的最後階段，他們還可以被港督選任爲立法局和行政局議員，議員中之佼佼者，更可被任爲「華人代表」，香港的華人代表，不過三四個。過去的華人代表，以業醫生律師的居多，因爲這兩項職業，在英國是被人重視的。

凡當議員的，才有資格稱爲「閣下」。香港人對於這種官銜很重視，受之者認爲「畢生殊榮」。此外，英皇在每年年初，常頒發一些勳章和爵位給香港有資產的人，所以有些香港人有爵紳、爵士，同爵士的銜頭。

統觀百餘年來香港歷史，紳士制度對於港府統治的幫助，可說是厥功甚偉的。

現在香港的著名紳士，有何東、周壽臣、曹允善、羅文錦、周錫年、周俊年、簡東浦、李樹芬等。在一九四九年逝世的羅旭龢，也是著名的一個。

三　文化教育

香港的文化，一般講來比國內普及，識字的人比國內多些，一方面因爲這是一個高度發達的工商業都市，另方面不得不歸功於按月繳納學費的制度。這裏特別可以指出的，勞工教育促進會所辦的勞工子弟學校，完全免費，對於普及工人子弟的教育，有不可磨滅的功蹟。

教育　但誰也不能否認，香港的教育，是殖民地教育，香港的文化，還是以殖民地文化爲主流。大部份學校，着重於「學以致用」的實用教育，對思想教育，漠視得可驚。英文學校，造就的是政府低級華員和洋行文員；大部中文學校，以讀經爲能事。在這種教育制度薰陶下出來的畢業生，政治覺悟當然說不上，他們樂於接受任何政治形式的統治，他們只求安安穩穩地「向上爬」，他們大部分是典型的順民。

表現在出版物上的，是黃色的低級趣味讀物，還保持着最高的銷路，不管港府怎様三申五令地取締，淫穢色情的報紙讀物，還是到處泛濫，以武俠爲主的連環圖書，仍舊向未成年的孩子們傳播着毒素。

但是這幾年來由於時勢推移，另方面更由於文化界先覺者們的不懈努力，香港文化，已有了顯著進步。

如果將香港幾百所中小學校歸類，可以有三種分法：（一）以學校的辦理者來分類，可分爲官立的，敎會的，私人或團體辦的三種。（二）以敎育的內容來分類，可分爲英文學校、中文學校、專科學校三類。如果以（三）敎育的方法和目的來分類，則可分爲進步與落伍兩種。

官立學校，收費低廉，正爲了這樣，窮苦人家的子弟，趨之若鶩，祇有秋季招生，投考的人多，所以難考，考取了難進。敎會辦學校，學費最高，以設備和敎師的素質見長，爲有錢人家子弟的敎育場所，投考者甚多，也是難考，往往不公開招生，而須「有面子」的人介紹，至於靠了黑市（卽向敎師賄賂）入學的，究屬少數。私人或團體辦的學校，數目雖多，良莠不齊，好學校特別好，壞學校只好算家庭式的商店（香港政府對於學校校長的稱呼是『經理 Manager』），來者不拒，充份表現了商業化都市的特性。

英文學校，課目（除了國文）都用英文本，並用英文講解，分爲八班，要中文學校讀過四年的人才能投考，從第八班讀起，每年升一級，到第二班時舉行會考，合格的便算畢業。如果想升學，再讀第一班。第一班等於大學的先修班或預科，畢業時可參加香港大學或英國倫敦大學入學試（每年舉行），與考的人倒不一定爲了有能力升入香港大學或倫敦大學，大部份是爲了取得一重資格，卽「香港大學入學試合格」。因爲香港政府在招請低級文員，和若干洋行在招請文員（書記，辦事員）的時候，常標明須具有上項資格。至於程度，英文當然是好的（中文學校高中畢業，祇能入第四班），好的人，比國內大學畢業還好，其他科目則說不上了，如數學，英文學校畢業祇能抵到國內高中的一二年級，國文則更不堪聞問。

中文學校，制度與過去國內的情形相同，也有小學，初中，高中之別。程度以國文最差，高中畢業的，只當得國內初中程度（有些學校是例外）。數學比國內差一點，英文則略好。爲什麼會這樣？大部份學校，從小學起便授古文，教科書是採民國初年的本子，謬誤百出（甚至別字連篇），他們爲誇耀自己的程度，又爲迎合落伍家長心理，從小學起便讀經（四書五經），這樣教育出來的國文程度，可說似通非通，實際上狗屁不通（香港電車站的標識「如欲停車，乃可在此」，和尖沙咀天星碼頭新近取消的「請行快的」標語，便是香港落伍國文教育的成績。）至於英文，因爲初小一二年級起便讀英文，加上環境中時常接觸，所以較國內略高。

官立學校有英文學校與中文學校之別；教會學校也有中文英文之別，或同時兼辦；私立學校，則十九是中文學校。這些學校，有全日上課的，也有上午下午或夜間上課的，在全日上課的學校畢業，才算是正途出身。

官立學校中有名的，有羅富國師範學院及附屬學校（般含道），粉嶺鄉村師範（粉嶺），皇仁書院（堅尼地道），香港工業專門學校（灣仔），庇理羅士女書院（西營盤醫院道），官立漢文學校（灣仔活道，軒尼詩道，旺角），官立漢文女校，官立漢文高級中學（灣仔活道），油蔴地官立學校（四方街），灣仔官立學校（峽道），荷里活道官立學校（

荷里活道），嘉道理學校（掃桿埔）汲水門公立學校（田寮村），元朗中學（元朗）。另有一間機械工業學校，是一九四九年九月創立的，專門訓練本港中西各工廠的學徒，入學者須由工廠去保薦，不能自由投考。

教會學校，有聖士提反書院（男書院在赤柱，女書院在列提頓道），喇沙書院（界限街，現校舍被徵軍用），聖保羅書院（麥當奴道，小學部在中環鐵崗），聖保祿女書院（黃泥涌道，銅鑼灣），聖若瑟書院（堅尼地道），華仁書院（羅便臣道，分校在旺角奶路臣街），意大利嬰堂（堅道），德貞女校（本校深水埔欽州街，分校香港灣仔道），拔萃書院（男書院何文田，女書院佐頓道），青年會中學（必列啫士街）聖羅撒學校（赤柱），聖羅撒女學校（界限街），孔教學院大成學校（堅道），孔教學校（柯士甸道）等。

私立及團體辦學校，不勝枚舉，除了前述的勞工子弟學校（分設各處）外，規模較大的有（以筆劃排）：同濟，西南，仿林，志强，知行，東方，南華，香江，香島，培正，培英，培僑，培道，陶淑，梅芳，務實，華南，華僑，僑光，漢華，德明，嶺英，嶺島，嶺南，導羣等，此外還有上百家。

這些私立學校，用國語教授的，有務實與導羣兩校。如果憑作者個人的目光，則其中比較進步的學校，成績最好的，是香港的培僑中學（布律活道六號），九龍的香島中學（運動場道），和香港仔的務實學校（西安街八號）。

香港政府對於學校的管制很嚴。其原因一是政治性的，如禁止教師作政治思想教育，鼓勵學生家長匿名檢舉。有名的達德書院之封閉，及對於勞工子弟學校，漁民子弟學校的干涉，便以此爲目標。一是基於衞生觀點的，如限制學生人數及廁所衞生的管理等。對師資管理很嚴，教師均須由教育司審查資格及口試，官立師範畢業及就教學校較大者較易，否則極困難。有人說：香港教育司不管學校的課程而特別重視衞生，這是香港教育行政的特色。這話當有部分眞實。

講到香港的高等教育，便不得不推重香港大學。港大成立於一九一二年，校址在般含道上，校長由港督兼任，實權操於副校長史羅斯（將由賴特繼任）。經費來源有三，三分之一爲學費（每年三學期，每學期學費七百元，膳宿費每月一百八十元，運動費五十元），三分之一由政府補助，另外則取自私人所捐基金，其中一部是中英庚款。設有醫工文理四院，畢業生以醫科的最好，六年畢業，因爲設備較多，且有派往各醫院實習的充份機會；商科生服務於銀行界的也不少，其他則鮮善足述。在港大讀一學期書，非二千元不辦，新生則最少預備兩千五百元。但投考不易，因爲每年一百二十名學額中，香港只佔五十名，其餘要分配給外地來的學生。

自從達德學院被封後，私立的學院，祇有華僑工商學院（在沙田）了，嶺南大學在戰前有分校，現在還沒恢復。最近有幾個學院在籌備，但設備很差。

補習學校與專科學校有如下幾間：

一、遠東航空學校，有飛行及機械兩科。在九龍啓德機場內。

二、兒童工藝院，有裁縫，製鞋，木工，汽車修理及機器各科。在香港仔。

三、各醫院附設的護士學校，尤以贊育醫院的產科學校爲佳。

四、中華音樂院，教授有關音樂的課程，在高士打道。

五、無線電專科，有世界電機工程學校，芝加高工程學校及東南無線電學校。

六、汽車駕駛工程學校很多，芝加高工程學校中也有汽車科。

七、補習各科的（文科爲主。如新聞、會計、英文、文藝、繪畫等），有香港南方學院和九龍中業學院。

八、會計，有廣州大學計政班（莊士頓道）

九、中國醫學院，有面授及函授（山林道）。

十、成年婦女補習，有香港婦女補習學校（跑馬地）。

至於不超過九人的私人教授，毋須受教育司的管制。

出版　香港的出版環境，比較自由，因之政治色彩的報紙特別多，加以香港具備出版報刊的有利物質條件，如白報紙便宜，印刷業發達，運銷外埠的交通便利，因此這二十年來，報紙雜誌的出版呈畸形發達現象。但政治需要，時有不同，商業性的，則以人事變遷和營業虧蝕，流動性也很大。所以此仆彼興，殊難論列。

現在出版的大報，有下列數家。

一、華商報，中共的宣傳機關，讀者以智識份子及勞苦大衆居多。

二、大公報，商辦，過去代表國內金融資本家利益，現在態度已變更。

三、文匯報，商辦，由滬遷港，政治關係複雜，傳說與民革和某財界距子有關，但無實據。讀者以上海人及智識份子居多。

四、星島日晚報，胡文虎星系報中一個，以設備最好著稱，態度頗受政局影響。讀者以商界、小資產階級及外省人居多。

五、華僑日晚報，岑維休的私人報紙，政治立場偏近香港政府，廣東化的報紙，讀者以香港本地的商界居多。以篇幅多及廣告多勝。

六、工商日晚報，何東的私人報紙，因為他的兒子何世禮任職國民黨軍事機關，故偏向國民黨，讀者以本地商界為多。

以上是中文報中規模較大、歷史較久的，其他日報有香港時報，成報，大方，華聲，伶星，上海等報；晚報有新生，中英，掃蕩，紅綠等報。其中香港時報是國民黨黨報，新生則與李宗仁有關。

至於英文報方面，現有五家：（一）南華早報（South China Morning Post），（二）士蔑西報（Hong Kong Telegraph），（三）德臣西報（China Mail），（四）孖刺西報（Daily Press），（五）香港虎報（Hong Kong Stander）。前三者都是西人所辦，後者則為胡文虎所辦。

定期刊方面，値得一觀的，有中共辦的「羣衆」、「世界展望」，和商辦的「週末報」、「經濟導報」、「香港學生」等。

圖書館　香港的圖書館很少，般含道的馮平山圖書館，收藏以中國古籍爲主（五萬冊）；香港大學圖書館，以西文書爲主（三萬冊），要有人介紹才可入內。滙豐銀行對面英國文化協會所辦的圖書館，雖任人入內，但只有一些報紙和西文雜誌。比較可觀的，是九龍南國圖書店樓上的進修圖書館。在一九四八年還有些團體和書店，辦有收費極廉的圖書館（如華僑圖書館、正報社閱覽室等），現在已經停辦了。

電影製片廠　如將電影製片廠也列入社會教育的範圍，則他們的成就，在過去還微不足道，過多於功。香港的製片公司，有永華（李祖永辦），大中華（蔣百英辦），大光明（合作），大觀（趙樹燊辦），長城（以張善琨作背影）和大羣等。

四　經濟

香港是個工商業都市，要在本書詳細敍述是不可能的，這裏祇能粗淺地畫一個輪廓。

對外貿易　從香港對外貿易統計上看，處處可發現香港是一個轉口港，因爲香港的工業產品，數量雖多，香港二百萬人口的消費，雖亦驚人，但比起對外貿易的數字來，還是微不足道的。

在戰前（一九三七），各國對於香港對外貿易所佔百分比的次序：輸入（至港）是中國三四。二％、英國及屬地一六。二％、日本九。四％；輸出（由港）則中國四二。八％、英國及屬地一九。七％、馬來亞八。五％。近來（一九四九年一至五月）輸入次序仍是如此，不過數目已不像從前那樣懸殊，輸入爲中國二三。五％，英國及屬地二一。四％，美國二〇。九％。輸出則中國已跌到第二位，計英國及屬地一九。五％，中國一四。六％，馬來亞一〇。〇％。上面的百分比，不但表示出香港對外貿易的主要國家是那幾個，並且充分顯示了美國貨的大量侵入，和我國國內因戰事而造成的經濟萎縮。

今後的趨勢，大約如次：

一、對英貿易：由於香港是英屬地，對於其他英屬地，祇要是本港製造而主要原料也是英屬地所產的，可受特惠稅則的待遇。加以港當局鼓勵對英鎊區的貿易，英國對於香港輸英貨物的限額，一九四九年也比上年增加了十四倍，所以港英貿易，將有空前的發展。

二、對美貿易：因爲英國要求各屬地停止輸入美貨，在港只能用自備美匯輸入，此外因一九四九年九月英鎊貶值，港美貿易，有萎縮可能。

三、對華貿易：人民解放革命的成功，造成了兩個可能：一是今後對華輸出，將以機器五金及各種建設材料爲主，這是質的變化；二是如果美國發動的對華海運封鎖繼續下去，則香港的轉口港的地位，更將加强，數量會比前幾年多得多，這是量的變化。

四、對日貿易：如果英鎊區要求日方改用英鎊結滙成功，日貨的輸入，數量上將大爲增加，可能威脅香港工業的生存。但這種可能很少，比較可能的是「以貨易貨」，因此不會有多大發展。

五、對南洋貿易：爲了套取美元，政府將鼓勵對南洋（英屬除外）的輸出，但暹羅已停止分配港滙，並加嚴入口管制，菲律濱也自一九四九年八月起加緊入口統制，所以香港主觀上的願望能否實現，大可懷疑。對越南的輸出，則須視越南解放的日子近否而定。

五、對非洲貿易：最近因日貨競爭，大受挫折，將來尤不能樂觀。

七、對韓貿易：因華南解放完成，對韓貿易數量將比目前降低，爲因輸韓貨物中有不少是轉運華北的。

生產　香港在七七事變以前，除了造船業外，原祗有些輕工業，五金與化學工業，也祗是加工而已。七七事變以後，接着上海之戰爆發，上海遷來的工廠不少，加以英國爲備戰關係，在港訂購大批帆布橡膠五金製品，於是使香港工業飛躍進展。迨後日佔香港，原來的一點工業基礎，大受摧殘。直到勝利以後，因爲海外航運，多未恢復，國內及南洋市場，是眞空狀態，於是又刺激了香港工業，欣欣向榮。不過這種繁榮，只是曇花一現，美貨爭奪市場的結果，使香港工業又受挫折，直待國民黨政府的金融政策失敗，亂發紙幣，以後又殺鷄取卵地苛求無厭，於是上海工業，才逃到香港或分廠到香港來，其中最主要的是紡織業，投到香港的資本約四千萬美元，折合港幣約二億左右，等於港幣總發行額的四分之一，可算是驚人數目。此外塑膠，搪瓷兩業，也發展得很快。要知道目前香港工業的輪廓，祇要看下面三個數字就知道：工廠三千家（其中一千四百家向港府登記，五百六十家加入中華廠商聯合會）；投資總額十億港元以上，就業工人超過十萬。

香港工業時時受着環境的影響，其盛衰祇在片刻之間，所以難作整個的統計，下面是最主要的幾種工業：

業別	廠數	較大工廠	設備	生產能力	僱工數
造船業	四十家	海軍・太古 黃埔・皐利	最大船塢可修三萬噸大船，有百噸起重機。規模僅次於日本。	每年可修船千艘以上，造船數十艘。	最多時達七萬，現在不足三萬人。
織布業	六百家	大都相仿	電機二千六百部，手機四千餘部。	月用棉紗五千五百包，日產棉布二十八萬碼。	最多時有工人六萬名。

紡紗業	九家	南洋・九龍大南・大元偉綸・南海香港・聯泰	紗錠廿六萬枚。	現每月產量約三千包左右。	開足時有幾千人，現不景氣。
橡膠業	五十家	馮強・大衆・利國・樂斯・惠民等。	原有三百餘廠，大都停工減工。資本百萬元以上者三家。	每月最高膠鞋產量七十餘萬雙。	流動性極大，多時數萬，現祇幾千。
絲織業	六家	美亞・華綸新昌・華藝勤工・富華	電機三百三十台，手機九十台。	最高日產三十一萬碼，現約廿萬碼。	多時工人近千，現約七百左右。
五金業	四十八家	大華・捷和香港釘廠・大中實業社寶源・金龍		每月縫針七百箱，洋釘百萬斤，螺絲釘五萬羅，其他爲五金日用器皿。	數千人。
搪瓷業	十餘家	益豐・新華太平洋・一心	最大者有燒爐十一，最少者二。	每月數千箱，價百萬港元。	現有工人約七百名。

糖薑業	十一家	濟隆。中華萬隆等	每年六百萬磅以上。	現有工人千餘名。生意甚佳
製漆業	八家	國民。國光香島。中華建國	每月約一千五百噸左右。	三四百人。
印刷業	兩百左右	中華。商務嘉華。永發		數千人。
化裝品業	四十家左右	百家利。先施。廣生行美琪。高潔二友	肥皂約每月萬餘箱，此外爲化裝品。	一千二百人左右。
電筒業	十八家	南針。日昇嶺南。中南	每日七八千打。	二千六百人。
電池業	十二家	保羅。美利普照。興華日昇。蓋一等	每月十二萬打。	約三百人。

火柴業	三家	大中國・香港・大同	每月三千箱	約千人

此外如煉鋼。機器。捲煙工業，也有相當規模，不過爲營業上關係，各廠大都不願公開自己的祕密。

礦業方面，有銀鉛礦，鐵礦，鎢礦及瓷泥等，但蘊藏量和開採規模，難與國內比擬。漁業則漸有利用機動漁船的趨向，漁民約五萬人。

農業方面，以種蔬菜爲主，元朗一帶種米，但全部產量，每年不過十五萬担，祇能供全港十天的消耗。

金融 香港政府的財政收支，歷年來以盈餘的年份居多，用不到發行紙幣來塡補支出，所以大體講來，港幣的價值很穩定。

五元以上的紙幣由匯豐，渣打，有利三銀行發出，總額在八億元以上，其中三分之一流通於我國內地。一元紙幣及一毫輔幣則由香港政府發行。

黃金的價格始終在每兩三四百元間，所謂暴漲暴落，與國內比較，幅度實在可說藐小。做黃金生意的，有廣東幫（昭泰爲首）香港幫（恆生爲首）小攬幫（道亨爲首）上海幫（明興號爲首）外省人多到明興號去，總號在香港公主行三樓，分號在九龍彌敦道。

美金的官價在五・七一五元左右，但黑市美匯美鈔，却在六元以上，一方面是受英鎊不穩定與國內金價的影響，另方面則因爲港府已不供給美匯給商人，商人爲了訂購美貨，輸入國內，美匯發生供求不能相抵的現象所致。

利率方面，向來很低，活期存款約一厘，定期約二厘，滙豐銀行則無息。在滙豐開戶極困難。銀行對於做押款，態度比較審慎。

一九四九年七月底財政司公佈領有牌照的銀行銀號，有一百卅七間，以中國資本的居多數，大規模的都集中在皇后道德輔道雪廠街一帶。其中著名的有下面各家：

上海商業儲蓄銀行	大道中六號	三一二七五
川鹽銀行	大道中華人行	二〇八九三
中國銀行	大道中四號	三〇二五八
中南銀行	都爹利街四號	三三五六六
中國工業銀行	德輔道中十四號	三一七七二
中國實業銀行	雪廠街五號	二二〇四一
中國農民銀行	德輔道中太子行	三一〇五八
中國國貨銀行	德輔道中	三三二八〇
中國郵政儲滙局	大道中廿四號	二八四四一
中央信託局	畢打街	三〇一九三
中國農工銀行	大道中公主行	二八六三〇

交通銀行	雪廠街五號	三四一〇一
永安銀行	德輔道中廿六號	三一一二一
西南興業銀行	雪廠街四號	二八三〇二
東亞銀行	德輔道中十號	二七七四六
金城銀行	德輔道中八號	二六三七三
浙江興業銀行	大道中十號	三一七二三
國華銀行	大道中十一號	三三六三八
國民商業儲蓄銀行	德輔道中八號	三三八八一
新華銀行	雪廠街四號	三一二二一
華僑銀行	大道中七號	三〇二一六
福建省銀行	雪廠街	三一五二九
廣東銀行	大道中十號	三〇一一四
廣東省銀行	雪廠街三號	二四四七六
廣西銀行	大道中十號	三〇一一四
聚興誠銀行	德輔道中太子行	三二〇三七
鹽業銀行	德輔道中二三六號	二一九二二
大西洋滙理銀行（葡）	遮打道四號	三一三〇五

友邦銀行（美）	大道中	三〇二三五
有利銀行（英）	大道中七號	二八〇二七
安達銀行（荷）	德輔道中五號	三〇二〇八
東方匯理銀行（法）	大道中五號	二二五六九
美國運通銀行（美）	德輔道中四號	三一二三六
荷蘭銀行（荷）	大道中九號	二〇五七八
寶通銀行（美。即花旗銀行）	大道中二號	三〇三二一
華比銀行（比）	德輔道中四號	三三三一五
香港上海匯豐銀行（英）	大道中一號	三〇二二一

五　社團

香港的社團很多，性質不一。香港政府對於結社集會，有兩項規定：一、凡超過九人以上的集會，須報告治安當局。所有社團，必須註冊；二、凡與香港以外各地有政治關係的社團，不准設立。

社團想註冊，必須有會所，這種會所不准設在家庭商號工廠報館中，必須獨立的（但准許附設在已登記的社團會所中）。要有負責人常川駐在，同時要將所有規程、組織、經費來源，報告政府。在籌備時便要向政府備案，在成立時更須報告成立。

工商社團　工商社團，可以分成兩種，一種是資方的，一種是勞方的。資方的常叫同業公會，行商公會；勞方的則叫工會。兩者都很有勢力。

資方社團中，最有勢力的是：華商總會，廠商聯合會，九龍總商會。

華商總會設於干諾道中六十四號，其會員有團體商號兩種，理事長是高卓雄。副理事長謝雨川。

中華廠商聯合會在華人行二〇六室，會員多為工廠，約五百六十家，理事長岑載華，副理事長徐季良。

九龍總商會在太子道一二二號二樓，會員多九龍商號，理事長為謝伯昌。

幾十個同業公會、行商會與同鄉會，大抵參加上面三組織為會員。過去所有僑團的領導權，握在華商總會手中，自從該會分裂後，一部革新派退出，廠商會與九龍總商會時常結成聯合陣線，與華商總會對抗。

態度方面，華商總會比較保守，與香港政府的關係也較密切（該會得到羅文錦的支持）。廠商會比較有朝氣，如工商界的反對美國扶日運動，便由該會領導。

以會員數目說，勞方的工會要遠比資方的多，動輒就是幾千人。在這方面起領導作用的，是港九工會聯合會，工聯的理事長是張振南。

較大的工會有海軍船塢職工會（麥耀全）等四個船塢工會，香港電車職工會（劉法）、香港電燈公司華員職工會（冼航海）等公用事業工會，以及洋務工會（譚其科）、海員工會（張東荃），摩托工會（陳文漢），樹膠工會（盧政之），郵務工會（李發祥），五金工會（劉潔雲）等。

從工人團體的逐漸地由個別趨向團結，由散漫的行動趨向一致，由孤軍奮鬥趨向合作，可以看出香港勞工運動，將有飛躍的發展。

還有可以一述的，是小販組織的超立社，文員組織的華人文員協會，會員數也是以千計的。與江浙人有關的是蘇浙滬同鄉會（太子行二樓）。

慈善團體　慈善團體中最有名的，是東華三院，現任主席爲周湛光，首總理李毓林，馬錦燦。次之爲保良局，主席爲蔡昌。至於鐘聲慈善社等，也因爲有的富裕人士主持，對地方公益協助頗多。

至於婦女團體如中國婦女福利會等，平素也參與救濟工作，但大都有力不從心之感。

確確實實做些工作的，倒是各省各縣的同鄉會或宗親會，他們的實力厚，由於封建性的同鄉與民族觀念，對於救濟流落香港的各地難民，都十分出力。

其他　此外文化方面有中華全國文藝協會香港分會（簡稱文協），中英文化協會，新文字協會等；音樂方面有虹虹、巨浪、激流、聯青等合唱團；戲劇方面的有中原，建國，星光等劇社；體育方面有南華、東方、中華、傑志、光華等體育會。宗教方面有中華基督教青年會、香港佛教聯合會、公教進行社等。（本章完）

旅行篇

航空網的繁複，海運的四通八達，鐵路運輸量的龐大，在在都顯示出香港在遠東交通上的重要地位。說香港爲中國的南方大門，亦無不可。本篇所記，僅是有關經過香港及港內旅行上遇到的種種問題，對於香港交通運輸的歷年數字，不再贅述。

一、港內交通

甲、渡海小輪

天星輪渡　天星小輪公司現在有船五艘，行走於香港中環雪廠街口與九龍尖沙咀之間。這五艘船名是：日星、夜星、午星、金星、北星。取費頭等二毫，頭等小童一毫，三等一毫。頭等有月票出售，每月六元（以各月的月初至月底計，可以於月之任何日出售，但不能坐足一個月。）月票在九龍方面出售，手續十分簡捷，祇需本人簽字即可。開行時刻：在上下班時　每五分鐘一次，此外則每十分鐘一次。早上自六點十五分開始，末班爲深夜一時三十分（香港開），星期六例外，是深晚二時三十分。攜帶行李，必需坐三等，行李視大小計費，如自行車每輛三毫。但不准攜帶貓犬。

油蔴地輪渡　分市內三線，市外七線。港內三線，收費與尖沙咀相同，都是兩毫，市外線的費各線不同。

航線	票價（頭等）	（三等）	時間（由港開）
佐頓道	二毫	一毫	晨六時廿分起至晚十一時止
旺角	二毫	一毫	晨六時十分起至十一時十分止
深水埗	二毫	一毫	晨六時十分起至十一時十分止
長洲	八毫	六毫	七時、九時、十二時、三時、五時
銀鑛灣（梅窩）	六毫	五毫	
大澳	一元二毫	一元二毫	下午一時半，每日一次
青山	六毫	五毫	
南頭	一元二毫	九毫	上午七時，每日一次
坪洲	五毫	四毫	
清水灣	二元五毫（來回）	二元五毫	不定期，游泳季假日開。

其中旺角線和深水埗線，有月票出售，每月十元。購者須備照片兩張。

電船　電船的船埠，香港在中環一帶，九龍則在尖沙咀。日夜都可以雇到。計費辦法有兩種，一種計時，一種以單程或來回某指定地點計算，可以講價。電船大都用以接送拋錨在海中的輪船旅客，和晚間輪渡停開時過海之用。

至於海中的小木船，以載物爲宜，從中環海傍渡到尖沙咀，大約取費五元（包一船）。

乙、電車

香港本島上，有雙層電車，上面是頭等，取費兩毫，下面是三等，取費一毫。據一九四八年統計，有電車一百二十輛。各線開行時間如下：

筲箕灣上環街市線（每三分鐘一班）

筲箕灣至上環街市	頭車六點一九分起	尾車一一點四〇分止
上環街市至筲箕灣	六點廿二分起	一一點四六分

銅鑼灣屈地街線（每兩分鐘一班）

銅鑼灣至屈地街	六點正起	十一點廿八分止
屈地街至銅鑼灣	六點卅分起	十一點五八分止

愉園堅尼地城綫（每三分鐘一次）

愉園至堅尼地城	六點正起	十一點廿四分止
堅尼地城至愉園	六點卅六分	十二點正

上環街市名園線（每五分鐘一班）

上環街市至名園	七點〇九分起	十一點〇四分止
名園至上環街市	七點卅九分起	十一點卅分止

搭電車時需注意（一）不能將車票於落車時交回賣票人或司閘人，因為遇到查票，

百口難辯，過去因此有人被控告，最高罰款百元。（二）在車中擁擠時，宜注意扒手。有些熱心的賣票員，見有扒手上車，常以「走裏邊些、不要擠在門口」一語警告，能夠領悟的便注意自己的口袋。（三）電車有月票出售，每月十八元，售月票處在灣仔鵝頸橋側電車公司內。（四）不要將巨額面鈔票（如一百元五百元）者購票，因賣票員無找續時，可出一收據，請搭客向公司自去領取餘款，十分不便。（五）搭晚間至筲箕灣的最後幾班車，特別擁擠，車門時常不開。如果脫班，可到銅鑼灣搭十二時一班到筲箕灣的專車。

丙　香港巴士

香港的公共汽車，歸中華巴士公司所有，經常行走的，約五十輛左右。市區各線不分頭二等，也不分遠近，一律兩毫。市外各線則以路之遠近計費。

一號　統一碼頭——干諾道中——大道東——軒尼詩道——灣仔道——摩理臣山道——跑馬地

	統一碼頭開	跑馬地開
頭車	晨八時十分	晨七時五三分
尾車	晚十時卅分	晚十時十五分

每五分鐘開行一次　　票價一律兩毫

二號　統一碼頭——干諾道中——軒尼詩道——銅鑼灣道——英皇道——太古船塢

統一碼頭開　太古船塢開

頭車　晨七時〇五分　晨七時卅二分

尾車　晚十一時〇五分　晚十時四十分

每十分鐘開行一次　票價一律兩毫

三號　統一碼頭——干諾道中——花園道——堅道——般含道——香港大學

統一碼頭開　大學堂開

頭車　晨七時卅五分　晨七時卅五分

尾車　晚十一時四十分　晚十二時正

（註：每五分鐘一次，晚十時四十分後每十分鐘一次。）　（註：每五分鐘一次，晚十一時後每十分鐘一次。）

票價一律兩毫

四號　統一碼頭——堅道——般含道——瑪麗醫院

統一碼頭開　瑪麗醫院開

頭車　晨八時正　晨八時半

尾車　晚七時正　晚七時半

每卅分鐘一次　　票價一律三毫

五號　大坑——加路連山——禮頓山道——摩理臣山道——峽道——大道東——大道中——大道西——皋路乍街——堅地尼城

	大坑開	堅尼地城開
頭車	晨六時四十分	晨七時十五分
尾車	晚十一時廿五分	晚十二時正
	（註：每五分鐘一次，晨八時〇四分至晚八時〇五分間每四分鐘一次）	（註：每五分鐘一次，晨八時卅五分至晚八時卅九分間每四分鐘一次）

特別車：大坑至水坑口，自晨八時至晚八時有特別車行走。　票價一律兩毫

六號　統一碼頭——干諾道中——必打街——大道東——黃泥涌道——峽道——香島道——淺水灣——赤柱

	統一碼頭開	赤柱開
頭車	晨七時卅分	晨八時十五分
尾車	晚九時卅分	晚十時十五分
	（註：每卅分鐘一次，晚六時半後，每一小時一次。）	（註：每卅分鐘一次，晚七時十五分後每小時一次。）

車費：統一碼頭至赤柱一元。統一碼頭至淺水灣八毫。淺水灣至赤柱三毫

七號　統一碼頭——大道中——大道西——薄扶林道——香島道

	統一碼頭開	香港仔開
頭車	晨六時三十分	晨七時正
尾車	晚九時二十分	晚九時五十分

（註：淸晨每十五分鐘一次，晨八時至晚六時間每十二分鐘一次，晚六時晨八時間每十五分鐘一次，八時後每二十分鐘一次。）

票價自統一危頭至香港仔五毫，自統一碼頭至瑪麗醫院三毫。

七號A香港仔——壽臣山——深水灣——淺水灣——赤柱

	香港仔開	赤柱開
頭車	晨八時正	晨八時半
尾車	晚六時正	晚六時半

每卅分鐘一次。票價香港仔至赤柱五毫，淺水灣至赤柱三毫，香港仔至淺水灣三毫。

丁·九龍巴士

九龍巴士公司，現有巴士約兩百輛，其中一號線多雙層車，其他都是單層。九龍市

區，有一、二、五、六、七、八、九、十、十一、十二、十三號計十一線。郊區則有十五號至廿二號計八綫，共計十九線。

九龍市區　九龍市區各線，有月票出售，每月十八元，學生優待半票簿（打洞），每本六元。各線無頭等三等之別，凡超過一分段以上的，都收車費兩毫，有一分段之內，則收費一毫。小童不論遠近一律一毫。下面是各線起迄站，經過街道，分段，和開行的起停時間。

△一號線　尖沙咀——梳利士巴利道——彌敦道——太子道——九龍城。尖沙咀開晨六時廿七分起，晚十二時五十七分止。九龍城開晨六時〇二分起，晚十二時卅二分止。每五分鐘一次。

（分段）尖沙咀至北海街；北海街至亞皆老街；亞皆老街至窩打老道太子道口；窩打老道太子道口至九龍城。共四分段。

△二號線　尖沙咀——梳利士巴利道——彌敦道——荔枝角道——深水埗。尖沙咀開晨六時廿七分起，晚十二時五十七分止。深水埗開晨六時七分起，晚十二時卅七分止。每五分鐘一次。

（分段）尖沙咀至北海街，北海街至亞皆老街，亞皆老街至深水埗欽州街。共三分段

△五號線　尖沙咀——梳利士巴利道——漆咸道——馬頭圍道——譚公道——太子道——西貢道——牛池灣。尖沙咀開　六時廿七分起，晚十二時廿七分止，牛池灣開晨

六時〇二分起，晚十二時〇二分止。每十分鐘一次。

（分段）尖沙咀至柯士甸道；柯士甸道至九龍船塢；九龍船塢至馬頭角；馬頭角至九龍城；九龍城至牛池灣。共五分段。

△六號線　尖沙咀——梳利士巴利道——彌敦道——大埔道——青山道——荔枝角。尖沙咀開晨六時廿七分起，晚十二時五十七分止。荔枝角開晨五時五十七分起，晚十二時廿七分止。每七分鐘一次。

（分段）尖沙咀至北海街；北海街至亞皆老街；亞皆老街至欽州街；欽州街至荔枝角。共四分段。

△七號線　尖沙咀——梳利士巴利道——彌敦道——窩打老道——九龍塘（森蔴實道）。尖沙咀開晨六時廿七分起，晚十二每廿七分止。九龍塘開晨六時十一分起，晚十一時五十六分止。每十五分鐘一次。

（分段）尖沙咀至北海街；北海街至太平道；太平道至窩打老道太子道口；窩打老道太子道口至九龍塘。共四分段。

△八號線　尖沙咀——梳利士巴利道——彌敦道——太子道——勵德街——金巴倫道——律倫街——窩打老道——九龍塘。尖沙咀開晨六時卅四分起，晚十二時十九分止。九龍塘開晨六時零四分起，晚十二時零四分止。每十五分鐘一次。

（分段）尖沙咀至北海街；北海街至亞皆老街；亞皆老街至勵德街；勵德街至九

龍塘。共分四段。

△九號線　尖沙咀——梳利士巴利道——彌敦道——亞皆老道——太子道——西貢道——牛池灣。尖沙咀開晨六時廿七分起，晚十二時廿七分止。牛池灣開晨五時五十七分起，晚十一時五十七分止。每十五分鐘一次。

（分段）尖沙咀至北海街；北海街至亞皆老街；亞皆老街至九龍醫院；九龍醫院至九龍城；九龍城至牛池灣。共五分段。

▽十號線　尖沙咀——梳利士巴利道——彌敦道——加拿芬道——金巴利道——居士道——佐頓道——紀念碑。尖沙咀開晨七時十二分起，晚九時廿七分止。紀念碑開晨七時起，晚九時十五分止。每十五分鐘一次。

（分段）全線祇一分段；　費一毫。

△十一號線　佐頓道碼頭——加士居道——漆咸道——馬頭圍道——譚公道——九龍城。佐頓道開晨六時十二分起，晚十時十分至，九龍城開晨六時起，晚九時五十分止。每十五分鐘一次。

（分段）佐頓道碼頭至九龍船塢；九龍船塢至馬頭角；馬頭角至九龍城。共三分段。

△十二號線　佐頓道碼頭——佐頓道——彌敦道——荔枝角道——欽州街——青山道——荔枝角。佐頓道碼頭開晨六時二十分起，晚十時十分止。荔枝角開晨五時五十五分起，九時四十五分止。每十分鐘一次。

（分段）佐頓道碼頭至亞皆老街；亞皆老街至欽州街；欽州街至荔枝角。共三分段。

△十三號線　佐頓道碼頭——佐頓道——彌敦道——太子道——西貢道——牛池灣。佐頓道開晨六時二十分起，晚十時十分止。牛池灣開晨五時五十分起，晚九時四十五分止。每十分鐘一次。

（分段）佐頓道碼頭至亞皆老街；亞皆老街至窩打老道；窩打老道至九龍城；九龍城至牛池灣。共四分段。

郊外線九龍巴士公司的郊外線，沒有月票出售，在星期例假及各種節日，搭客特別擁擠。車輛亦較市區各線爲劣。售票以遠近計算。

△十五號線　佐頓道碼頭——佐頓道——彌敦道——大埔道——沙田——粉嶺——上水——文錦渡。佐頓道碼頭開晨六時起，晚七時四十五分止，佐頓道碼頭開晨六時起，晚七時四十五分止。文錦渡開晨六時起，晚七時四十五分止。每十五分一次。票價一元四毫半。

△十六號線　佐頓道碼頭——彌敦道——大埔道——青山道——荃灣——青山——元朗。佐頓道碼頭開晨六時二十分起，晚七時止。元朗開晨六時四十分起，晚七時二十分止，每二十分鐘一次。票價一元一毫。

△十七號線　元朗——凹頭——竹園——米埔——落馬洲——金錢——上水——粉嶺。元朗開晨六時十分起，晚六時十分止。粉嶺開晨八時起，晚八時止。每四十分鐘一

次。票價分段計算。

△十八號線　粉嶺——沙頭角路各鄉村——沙頭角。粉嶺開晨六時五十分起，晚六時五十分止。沙頭角開晨七時三十分起，晚七時三十分止。每四十分鐘一次。票價分段計算。

△十九號線　元朗——錦田道——錦田。元朗開晨六時半起，晚六時止。錦田開晨六時四十五分起，晚六時十五分止。每半小時一次。票價一毫。

△二十號線　元朗——凹頭——落馬洲——金錢——上水——文錦渡。元朗開晨六時〇七分起，晚七時卅七分止。每半小時一次。票價一元。

△二十一號線　九龍城——井欄樹——大埔仔——坑口——孟公屋——上洋村——清水灣。九龍城開晨六時起，晚五時十五分止。清水灣開晨七時十五分起，晚六時卅分止。每七十五分鐘一次。票價七毫半。

二十二號線　九龍城——井欄樹——蠔涌——白沙灣——北港——西貢。九龍城開晨七時十五分起，晚六時半止，西貢開晨六時起，晚五時十五分止。每七十五分鐘一次。票價七毫半。

戊　出租汽車(的士)

香港的出租汽車，十分普遍。香港政府為減少各汽車商營業上的跌價競爭，及交通上的安全起見，祗發出六三三輛出租汽車牌照，以後即不再發。因此造成牌照黑市，據說牌照轉讓的黑市費用，比一輛舊汽車的買價要貴得多，也要幾千元。

出租汽車從計費上分別，有裝置自動計費表與不裝的兩種。的士公司規定必須全部裝錶，其他出租汽車公司，則有自動的裝，有的不裝。「的士」與「營業汽車」的分別，便在這裏。從形式上分別，則香港的出租汽車搭客四人（除司機），是普通的轎車，九龍則爲小轎車，祇能搭客三人。超過以上數目，司機要受罰款或吊銷執照的處分。但對於私有汽車搭載人數，並無嚴格限制。比較大的出租汽車公司，有下列幾家。

上海的士	（香港）	電話三三三三三
中央的士	（香港）	電話三〇〇〇〇
明星的士	（香港）	電話二三四二二
黃的士	（香港）	電話二〇〇〇〇
九龍的士	（九龍）	電話五〇〇〇〇
大來的士	（九龍）	電話五九五五五
金邊的士	（九龍）	電話三一九六三
半島的士	（九龍）	電話五〇五五五
新的士	（九龍）	電話五〇〇〇五
藍的士	（九龍）	電話五八八八八
山頂的士	（香港山頂）	

大行汽車（九龍）電話二二六二二（彌敦道七三五號）
六國汽車（香港）電話三三六六六（高士打道八八號）
飛行汽車（香港）電話二二一八八（德輔道中一八六號）
保安汽車（九龍）電話五九四三四（彌敦道六三號A）
飛鷹汽車（九龍）電話五六六六五（南昌街一九九號）

僱出租汽車，除了電話召喚或到汽車行去外，可以在路上叫停。此外，在碼頭、戲院門前、交通要口，香港政府規定的若干地點，營業汽車均有停歇，也可以在那裏僱到。其地點如下：香港天星碼頭，必打街，砵甸乍街，林士街。（九龍）天星碼頭，北海街，九龍城。

無論坐的士或營業汽車，可以不付小帳，但習慣上總給一點。凡裝有自動計費表的，第一英里（即起碼要付的車費），香港是一元五毫，九龍是一元。沒有自動計費表的，最好事前講一下價。如果僱車的目的在遊覽風景，則這種不裝表的車比較合算，因爲有計費表的汽車，在車停時也要計費。

己　其他

除了上述數者外，香港港內的交通工具，還有人力車（粵呼「車仔」）、轎、三輪車、雙人自行車，單人自行車（粵語呼「單車」）等數種。

人力車和轎雖是落伍的交通工具，但在香港則認爲紳士所用，尤其是轎。據交通部一九四八年統計，有人力車和轎九五〇輛。這兩種交通工具，逐年有減少的趨勢，終有一天歸於淘汰。

三輪車已於一九四七年被港府規定，不准坐人，祇能當作運輸工具。當晚間十二時後，到隔晨六時以前，在九龍的巴士停駛期間，有人用雙人自行車沿街搭客，雖由港府禁止，至今猶在偷偷摸摸搭載者。坐車的人，應謹防犯法，非不得已，不可坐這種車子。

機器脚踏車在香港也很普遍，全港有七二三輛，沒有出租的。自行車在香港不必捐照，認爲是一種運動用具。有許多「單車行」出租。但因爲港九多山，且多坡路，不像台灣與上海那樣普遍。在香港騎自行車要謹記兩點：一、政府禁止在車後搭載重物，違者車貨沒收。二、香港的巴士太多，在轉灣時因車身龐大，車尾斜行，常有自由車被掃倒的事發生。

二　對外交通

作爲兩百萬多人口的大都市，市內的交通已如此繁複；但仍沒有對外交通那樣頻繁。因爲香港不但是遠東的交通樞紐，而且是遠東的貿易中心，南中國的大門。

甲　航空

香港有機場的建築，倘是一九三〇年的事，在短短十年中，香港航空事業如此發達，這是誰都不曾預料到的事。

據港府統計，戰後民航事業的發展趨勢如下：

	每月平均飛機降落數	每月平均載客人數	每月平均載貨數
一九四七年	二二八	六八一三	七〇四七一公斤
一九四八年	五九六	一八九七三	一四二噸
一九四九年上半年	二〇九五	二七八二七	一六八四噸

啓德機場是香港唯一的飛機場，在初建時，僅佔地四方英里，設備十分簡陋，日本人佔領後，大加擴充，並建築三合土跑道兩條，漸具規模。不過全部跑道至今還祗四千餘尺，距國際民航的規定標準三千碼尚遠。一方面這是受了面積的限制，另方面則因爲旁邊還有高出海面一千八百英尺的高山，使飛機升降，發生困難。現在該場能降落的最大飛機是「DC—4」型，「DC—6」型便感覺困難，還是美中不足。

談到航線，因爲國內解放戰爭，在此書屬稿時，尚未結束，原來的北平漢口上海西安蘭州諸航線，猶未恢復，已較前遜色。現在以一九四九年十月中的情形爲準，列表略述各航綫開行日期及票價情形：(因國內戰事關係，飛行日期變動甚大)。

飛往地	公司別	星期	起飛時間	票價
廣州	中國	每日	上午八．○○，九，三○ 下午二．三○，四，三○，五．三○	四○元
	中央	每日	上午九．○○，一二．○○ 下午三．○○，五．○○	四○元
	香港	每日	上午九．○○，一一．一五 中午三．○○，五．三○	四○元
澳門	澳航	週日	上午一○．三○	三○元
		週六	下午二．三○	
廈門（九月起因戰事停止）	中國	每日	上午八．四五，一二．○○	一五○元
		週二．四	下午一．○○	
	中央	一三五日	上午八．○○	一五○元
		週二．四	下午一．○○	
		週二四日	上午七．三○	

福州	中國	一三五六	上午八・四五，一二・〇〇	二一五元
（九月起因戰事停止）	中央	每日 週一 週六	下午八・四五 上午八・四〇 上午九・	二一五元
汕頭	中國	每日 週三六	中午一二・〇〇 上午八・〇〇	九五元
	中央	週一三五 週二四六 週四	上午九・〇〇 上午九・三〇 上午一〇・三〇	九五元
海口	中國	二四五日	上午八・〇〇	一五〇元
昆明	中國	週日	上午九・三〇	四〇〇元

		週三五	上午八·三〇	三六〇元
	中央	週二五	上午八·〇〇	四〇〇元
重慶	中國	一四五日	上午七·〇〇	三〇〇元
		週一	上午八·三〇	
	中央	週四日	上午八·〇〇	三〇〇元
台北	中國	週二	上午一〇·〇〇	二七〇元
		一三五六	上午八·〇〇	
	中央	每日	上午一〇·一〇	
台南	中國	週三六	上午八·〇〇	二一〇元
梧州	中國	週二六日	上午八·〇〇	一四〇元
江門	中國	一五六日	上午九·三〇	七五元
三埠		週一二日	上午九·三〇	一〇五元
茈江		週日	上午七·三〇（十月間停開）	二二〇元

溫哥華	加航	週四	下午三・三〇	三八三四元
桂林	中國	週日	上午七・〇〇	一七〇元
		週一	上午八・〇〇，八・三〇	
柳州	中國	週日	上午七・〇〇	二〇〇元
		週一四	上午八・〇〇	
	中央	週三日	上午九・三〇	
檢林	中國	週四日	上午八・〇〇	二一五元
馬尼拉	國泰	週三六	下午二・三〇	三〇〇元
	環亞	週二五	下午二・〇〇	三〇〇元
	汎美	一三五六	下午四・三〇	三〇七元四毫
	菲律濱	週三六	上午一一・〇〇	三〇〇元
		週一五	上午一二・三〇	
曼谷	英海外	週二五	上午八・三〇	五一八元

	太平洋	週三日	上午七·一五	三七五元
	汎美	週一五	下午三·三〇	五二二元
		週二四	下午二·三〇	
	國泰	週一五	上午七·一五	三七五元
	暹：	週二	上午九·〇〇	三四〇元
	中央	週四	上午一〇·〇〇	五一八元
舊金山（經過檀香山）	汎美	一三五六	下午四·三〇	四二一〇元
		週一三五	下午五·三〇	八毫
	菲律賓	週三	上午一〇·〇〇	同汎美價
		週六	上午一一·三〇	
	中國	週三	上午八·〇〇	三八三三元
星加坡	英海外	週三六	上午八·三〇	七七七元
	國泰	週一五	上午八·一五	六〇〇元
	暹羅	週二	上午九·〇〇	六三〇元
	太平洋	週三日	上午七·一五	六〇〇元

西貢	法航	週二三	下午一．三〇	四五三元
海防	法航	週六	上午七．〇〇	三一五元
河內		週三	上午七．〇〇	三三〇元
加爾各答	英海外	週二五	上午八．三〇	九七二元
	法航	週一六	中午一二．〇〇	九七二元
	中國	週日	上午一一．三〇	九六〇元
	汎美	週二四	下午二．三〇	九七四元
		週二五	下午三．三〇	
	暹羅	週二	上午九．〇〇	九六〇元
仰光	英海外	週二五	上午八．三〇	六九六八元
	中國	週日	上午一一．三〇	六九〇元
	國泰	週五	上午七．一五	五二〇元
	暹羅	週二	上午九．〇〇	五〇〇元
東京	英海外	週二	上午七．〇〇	九〇七元

	汎美	週一三五	下午五。三五	九一〇。六〇元
	中國	週五	上午八。〇〇	八九六元
倫敦	英海外	週二四	上午八。三〇	二八三五元
	汎美	週二四	下午二。三〇	二八四二元
		週五	下午三。三〇	
	法航	週一六	下午一二。四五	二八三五元

上面的表中，汎美公司票價是以美金計價，該公司為與中航競爭，一九四九年八月起可依官價折美金購票。據說，飛倫敦只要卅九小時。飛紐約祇要五十九小時。

購買飛機票，除各旅行社代辦外，可到各航空公司辦事處去。飛廣州的，甚至在機場亦可出售，等於「巴士」一樣。各航空公司所在地如下：

中國航空公司（CNAC）香港告羅士打行　電話二六〇三一
中國航空公司（CNAC）香港亞細亞行內　電話二三二七八
國泰航空公司（CPA）香港干諾道一號　電話三〇三三一
菲律賓航空公司（PAL）九龍半島酒店內　電話五八三三〇
環亞航空公司（TAA）香港都爹利街一號遠東公司　電話二七二五〇
汎美航空公司（PAA）香港告羅士打行　電話三一一六六

南美遠東航空公司（SAFE）香港滙豐大廈華林洋行　電話三三四七五
暹羅航空公司（SAC）香港必打街十號歐必成　電話二五二五八
太平洋海外航空公司（POASA）香港滙豐大廈內　電話三二五六〇
英國海外航空公司（BOAC）香港遮打道六號渣甸公司　電話二七七六五
香港航空公司（HKA）香港遮打道六號渣甸公司　電話二七七六五
法國航空公司（AF）香港皇后行法郵公司　電話二六六五一
澳門航空公司（NAT）香港遮打道四號　電話三一四〇〇

以上各航空公司，在九龍半島酒店內，大都設有辦事處，旅客必須在該處過磅，隨後由公司派客車，免費送往飛機場。私人汽車，不得入飛機場。

免費行李准帶三十公斤，此外，各公司准隨身帶零星旅程上日用物品三公斤，也是免費的。長途者均供膳，如中途停留者，當地旅館和膳費由航空公司負担。遇到霧天，飛機停開，所以旅客應當與航空公司保持聯絡。

乙　船運

香港航運，可以分海洋航線與內河航線兩種，行駛海洋航線的公司，有三十六家，內河航線公司則有四十六家。現在分海洋航線，內河航線，停泊所三點，說明旅行上需要知道的各項常識。

海洋航線　行走海洋線的輪船公司，較大的有下列幾家：

（一）招商局　在香港干諾道西十五號（電話三一六三三）行走的航線以我國沿海及南洋爲主，經過香港的平常有下列數輪（括號內爲噸數，共中有幾艘是貨輪）：

海菲（4658）	海地（4461）	海玄（4461）	海天（4461）
海黃（4461）	海宇（4461）	海宙（4461）	海辰（2186）
宿海（4461）	海列（4461）	海黔（1613）	海粵（1601）
海廈（1748）	自忠（2877）	麟閣（1653）	鄧鏗（999）

此外還有延闓、漢民、林森、繼光、培德、其光、仲愷、海泰、海平、敦仁、鴻章、蔡鍔、海壽、成功、天山、海榕各輪。

（二）太古輪船公司，在香港干諾道中一號，（電話三〇三三一——八），華人客票代理處爲德輔道中一二七號二樓「南泰恆記」（電話二〇一一六）。所屬各輪分黑烟通，藍烟通，黃烟通三種。其中黑烟通各輪搭載客貨，行走我國南洋日本朝鮮沿海航線，藍烟通等以行歐美航線居多，故不詳列。

安徽（3494）	奉天（3279）	福州（3279）	福建（3279）
山西（3149）	蘇州（3139）	四川（3034）	新疆（3020）
盛京（3000）	濟南（2994）	漢陽（2876）	鄱陽（2873）
北海（2873）	湖南（2827）	雲南（2812）	岳州（2810）

湖北(2801)　貴陽(2644)　南昌(2489)　寧海(2484)
牛莊(2482)

(三)渣甸輪船公司(卽上海的怡和船公司)，設在必打街(電話三〇三一一)，華人客票代理處在干諾道中五十號二樓「永茂生記」。電話二七八六〇。其中以走我沿海及南洋日本爲主的客輪，有下列數船：

東英(4441)　吉生(3652)　顯生(2239)　茂生(2063)
和生(2004)　怡生(2001)　永生(1941)　澤生(1928)
樂生(1851)　德生(1851)　恆生(1356)　財生(897)

(四)渣華輪船公司，在皇帝行，(電話二八〇一五——八)。華人客票代理處在干諾道中八十二號(電話二五一三三)。以南洋航線爲主，以我國沿海航線爲輔。

新荷蘭(6789)　芝巴沙(6730)　芝渣連加(6623)
芝沙丹尼(5780)　他士文(4811)　芝巴德(4601)
芝本鐸(4574)　萬利士(4489)　芝文定(4148)
萬福士(2678)　芝保大士　芝錦碧

此外尙有行走南美南非的航輪寶樹雲，羅斯、德基堡三艘，都是二萬二千噸的大船。

(三)美國總統輪船公司，在聖佐治行(電話二八一七二)以美國日本菲律賓上海等遠洋航線為主，並有環繞地球航線。船隻較大，船期不很多，購買赴美須付美鈔，赴其他各地，可按官價（一美元等於港幣五元七一五）用港幣付給。

威爾遜總統（12223）	克利夫蘭總統（12223）	美琪將軍（10115）
哥頓將軍（10115）	海燕（8735）	海蛇（8735）
海貓（8556）	海豹（7637）	海鱷（7637）
海鷗（7533）	普樂總統（5116 0）	比亞士總統（4678）
門羅總統（4639）	麥堅尼總統（4639）	加蘭總統（4637）
他輔總統（4636）	馬地臣總統（4635）	傑克遜總統（4635）

（四）鐵行輪船公司（大鴨家）在鐵行大廈（電話二七七二一），以行走南洋英屬及日本線為主，並航廈門等華南口岸。

士達歷亞（13991）	布倫帝國（8243）	廣州（7299）
卡泰治（7269）	利來（7053）	東方（7017）
地華那（6572）	大馬（6154）	南京（5139）
地利威那（5105）	勝高拿（5053）	沙丹拿（5053）
地利威頓（5041）	地利恩倫（5039）	地利威荷（5004）
地利威仁（4748）	賓那（4607）	亞菲士帝國（4504）
奧沙丹（4055）	舍拿拿（3895）	賓列地（3865）

紅寶石（3718）　地利威羅（3091）　丹依佈連（3034）

（五）美國輪船公司，在遮打道皇后行四樓，以航行舊金山及紐約爲主。有船數十艘，大都是三千噸到五千噸的中型輪。

（六）銀行輪船公司，在干諾道中皇帝行五樓（電話三七七九一）走南洋美國歐洲非洲等遠洋線。

（七）天祥洋行，在匯豐大廈（電話二八〇二一）走美國等遠洋線。

（八）民生實業公司，有內河航船六艘，外洋線輪八艘：南海、綏遠、貴海，寧遠，懷遠，太湖、定遠。是新近由國內移來的，將來是否移同，還不可知。香港公司在干諾道中一四六號，電話三一四〇八。

其他經營遠洋航線的輪船公同，有下列數家：

船公司名	地址	電話
德忌利士	鐵行大廈	三一二八一
美亞輪船	公主行	二三六七六
寶隆洋行	皇后行	三四一一一
福來輪船	皇后行	三一二〇六
高理洋行	於仁行	三一三四一

和豐輪船	文咸西街六十八號	二六一二七
捷成洋行	必打行	二六六六一
捷順船務	文咸西街六十八號	二五九八六
法國輪船	皇后行	二六六五一
多利臣	皇后行	三一二四一
太平洋行	皇后行	三一一四六
馬士琪	必打行	二七七二一

自香港至各地的票價，大約如次，但亦時有上落，普通外地人在香港，因為言語不通，大都委託旅行社代辦，以下所舉，不過當作參考而已。（赴國內口岸以港幣計算）

國內口岸	船公司	大餐間或頭等	官艙或二等	房艙或三等	統艙
青島	太古	五〇〇	三〇〇	二二〇	一三〇
天津	太古	六〇〇	—	三〇〇	二〇〇
基隆	渣甸	二〇〇	一四〇	八〇	四五
湛江	太古	一五〇	一〇〇	六〇	四〇
北海	太古	二〇〇	一三〇	一〇〇	六〇
海防	太古	二五〇	二〇〇	一五〇	一一〇

海口	渣華	一七〇	一〇〇	六五	五五
福州	德忌利士	三〇〇	二七五	—	六〇
上海	渣華	三八五	二二五	一一〇	七五
	太古	三〇〇	一七五	一二〇	六〇
	渣甸	三〇〇	二〇〇	一二〇	六〇
	總統	六五（美金）		三三（美金）	
	法輪	二二（磅）	一五（磅）	一二（磅）	六〇
汕頭	渣華	一七〇	一〇〇	六五	五〇
	太古	一五〇	一〇〇	六〇	四〇
	渣甸	一五〇	一〇〇	六〇	四〇
	德忌利士	一五〇	一〇〇	—	四〇
	和豐	二〇〇	一五〇	一二〇	五〇
廈門	渣華	二〇〇	一二〇	八〇	六〇
	太古	一八〇	一二〇	八〇	五〇
	渣甸	一五〇	一〇〇	—	六〇
	德忌利士	二〇〇	一八〇		六〇
	和豐	二五〇	二〇〇	一五〇	六〇

國外口岸	船公司	單位	頭等	二等	三等	統艙
曼谷	太古	港元	三〇〇	二五〇	—	一八〇
	渣甸	港元	三〇〇	二四〇	—	一八〇
吧城	太古	港元	五〇〇	—	—	二五〇
	渣華	港元	八四〇	五〇〇	三五〇	二二五
加爾各答	渣甸	港元	八〇〇	六〇〇	四〇〇	—
好望角	渣華	英磅	一七六	一五三	一〇五	一一〇〇元
檀香山	總統	美金	三二〇	—	一八八	—
	銀行	美金	四〇〇	—	—	—
利物浦	藍煙通	英磅	一一八	九七	—	—
南非東岸	渣華	英鎊	一五八	九三	—	六二
倫敦	鐵行	英鎊	一三二	八一	—	—
馬賽	法輪	英鎊	一四六	一〇二	七三	五五
	藍煙通	英鎊	一一二	九三	—	—
馬尼拉	渣華	港元	四〇〇	二七五	二〇〇	一五〇
	總統	美金	五〇	—	—	—
紐約	總統	美金	一〇五〇	—	—	—

	藍煙通	英鎊	一五五	一二五	—	—
檳榔嶼	太古	港元	四五〇	三一五	—	二一〇
	渣華	港元	五四五	四六〇	三七〇	二一〇
里約熱內盧	渣華	英鎊	三二四	一九二	—	一二八
仰光	和豐	港元	七〇〇	六〇〇	五〇〇	三八〇
舊金山	總統	美金	四〇〇	—	二六〇	—
西貢	太古	港元	二五〇	二〇〇	—	一六〇
泗水	渣華	港元	九五〇	五七五	三九五	三七五
新加坡	招商局	港元	三〇〇	二四〇	二一〇	一八〇
	渣華	港元	四四〇	三六五	二九五	一八〇
溫哥華	銀行	美金	四〇〇	—	—	—

內河航線　內河航線，有到廣州、澳門、江門、三埠等線。因爲國內年來戰事連綿，地方不靖，對航運的威脅很大，加以商業不景氣，行走內河的輪船，大都虧本，所以變動很大。其中較大的公司有五家：一、太古公司，擁有佛山武穴兩輪；二、大興公司，擁有祥興，永興，成興，華興四輪；三、元安公司，有廣東廣西兩輪；四、廣西航業公司，置有桂山桂海；五、民生公司，有龍門虎門劍門石門。

行走內河航線的輪船，對走此線或另走他線，向來沒嚴格的界限，時常變動。以一九三九年九月底的情形說：

船名	日期	時間	碼頭	電話
龍門	逢單日開	下午十時	三角碼頭	三一四○八
石門	逢雙日開	下午十時	三角碼頭	三一四○八
武穴	不定期	半夜	省港碼頭	二○一一六
佛山	不定期	半夜	香港	二○一一六
以上各輪行走香港廣州線				
虎門	每日開	上午九時半	三角碼頭	三一四○八
劍門	每日開	下午五時半	三角碼頭	三一四○八
廣西	每日開	下午三時	元安碼頭	三七三○八
廣東	每日開	下午三時	元安碼頭	二七三○八
祥興	每日開	上午九時	海安碼頭	二一二八八
永德利	每日開	下午一時	泰興碼頭	二二二五二
太豐	每日	下午三時	長洲碼頭	二一七三六
以上各輪行走香港澳門線				
桂海	隔兩日開	下午九時	寶德碼頭	二三三五九
桂山	隔兩日開	下午九時	寶德碼頭	二三三五九

文　山　　隔兩日開　　下午七時　　寶德碼頭　　二三三五九

以上各輪行走香港三埠線

廣福祥　　隔一日開　　下午八時　　寶德碼頭　　二二〇九一

以上行走香港江門線

各輪票價，大抵相仿。一九四九年八月間廣州線票價西餐房三十元，（沙發位廿五元唐餐房二十二元）唐餐樓十八元，尾樓十一元，統艙十元。

香港澳門線，票價西餐房二十元，西餐樓十八元，唐餐樓七元，尾樓五元，統艙三元。香港江門線，票價頭等三十元，二等二十元，四等十二元。（廣福祥沒有三等）票價因競爭關係，變動很大。

在水道不靖的今日，搭內河船（又叫「夜船」，因爲大都在晚上開，在船上過夜）的危險性較大，以視戰前可以舒適地躺一晚，張眼便到目的地的情形，已有隔世之感了。但因爲價格較廉，還能勉强維持。

停泊所　出入香港的輪隻，不是停靠碼頭，便停靠在海中的浮筒旁。大凡總統輪船等遠洋輪船及大輪船，靠尖沙咀九龍倉碼頭。太古黑烟通輪船，靠中環的大阪橋碼頭。港穗，港澳，港江輪船，則靠自中環起到西環止的碼頭。其餘各公司以停泊浮筒的較多。

香港海面有兩個出口，一是東邊的鯉魚門，一是西邊的汲水門，其餘都由半島與島嶼屏障着。港海之內所設的浮筒，分ABC三組，A種停泊四百五十呎至六百尺的船，B種給三百呎到四百五十呎的船停泊，C種給三百呎以下的小輪停泊。在一九三九年八月當時，內河輪不算，停泊港中的輪船有一百三十艘以上。

接客送客的人，必須弄清所接送的船是靠碼頭還是靠浮筒。如果是靠浮筒，可以僱電船登輪，船公司的小輪，向例不搭接送者。

一九三七年，進出港海的船隻共五一、四二五艘，共計一八、九九〇、四六三噸，從這點上去觀察，才能明瞭香港航運的發達，換言之是香港在遠東航運上的重要地位。

丙　廣九鐵路

如果沒有太多的行李，到廣州去，還是搭火車來得簡捷平安。票价是：頭等廿二元，二等十七元六毫，三等八元八毫。江南直通車十八元五毫。中途停靠深圳樟木頭石龍等站。江南號直通車，中途不停。其開行時刻如下（一九三九年九月底）：

由九至穗	九龍開	廣州到
快車	上午八．一〇	中午一二．四七
快車	上午九．二〇	下午二．一〇
慢車（由油蔴地站開）	上午八．五二	下午七．四五
快車	下午三．十五	下午七．四一

江南號直通車		下午二・〇〇	下午五・五五
由穗至九		廣州開	九龍到
快	車	上午七・三五	上午十一・五六
慢	車	上午九・四〇	下午九・四二
快	車	下午二・四〇	下午七・〇三
快	車	下午四・〇〇	下午八・三七
江南號直通車		上午八・五〇	下午一二・四五

以一九三九年九月以前的情形而言，開出時間，還能准時，到達時間，往往脫班，竟有遲一小時以上的。又每逢過年過節，或星期日例假，搭車的人很多，搭客務須早到。

廣九車的英界段，另有尖沙咀站到深圳站（深讀鎮）區間車，沿途停靠油蔴地站，沙田站，大埔站，大埔墟站，粉嶺站，上水站，以抵邊界深圳。其開行時刻如下：

九龍開	深圳到	深圳開	九龍到
上午五・四〇	下午六・三〇	上午七・〇四	上午八・〇八
八・三〇	九・四七	一〇・〇五	一一・一〇
一〇・〇〇	一一・一七	下午一一・五一	下午一二・五四
下午一一・三八	下午一二・四九	二・三一	四・卅六

二。一五	三。二三	四。〇五・	五。〇七
四。二六	五。三二	六。三四	七。三八
五。五五・	七。〇一	七。三一	八。三二

三　旅行社

由於香港交通情形的複雜，加以外省來客，不諳粵語，各旅行社的業務，相當發達。其中規模最大的，推中國旅行社；歷史較久的，除中旅外還有香港旅運社；異軍突起的，有空運旅行社，此外尚有港滬、世界、新光等幾家，其地址電話如次：

中國旅行社	皇后大道中六號二樓	電話三一二七五
香港旅行社	干諾道中四十九號二樓	二〇八四五
空運旅行社	德輔道永安銀行二樓	二五六七〇
港滬旅運社	德輔道中二二號三樓	三〇八九二
世界旅行社	皇后行三一七號房	三一一八一
新光旅行社	干諾道中五十六號四樓	三〇三九一

旅行社的業務，是經售輪船飛機火車客票，運送行李貨物，代辦出國護照手續等。其優點在（一）售票完全與公司原來價格一樣，而態度之和藹，服務之週到，則非一般

船公司航空公司和火車站中所能遇到的。（二）辦理出國手續，非常繁複，不是熟門熟路的「老客」，即有處處碰壁之感，旅行社或則代辦，或則派人陪同去辦。甚至有些旅行社，可以在沒有辦法中找出辦法，雖然不是正道，也減少許多格於法令欲行不得的旅客困難。

不但如此，與某旅行社有交情的，買票既打九折，還有旅行袋好送，旅行社業彼此間招徠顧客，推廣業務的競爭，於此可見其激烈。

四　出入境須知

出入香港　俗話說得好：「入門問禁」，出入香港，也應當略知香港對於出入境旅客所取的態度。

一、除了中國人外，進入香港的旅客，必須攜有護照。如果從被認為有疾疫的地方入口，則必須有注射證書。至於各地正式衞生機關（衞生局或海港檢疫所）發出的接種牛痘證書，則認為是每個人必要的。出口者則看各地的情形為定，有的只要牛痘證，有的還要霍亂傷寒鼠疫證。香港的港口檢疫種痘處，在消防大廈東側。

二、攜帶黃金進出口，被懸為禁例，金塊金條金元寶金粒和金葉，絕對不准攜帶，必須事先申請（進口大批的才能申請），方可進口，否則為緝私警查到，除了沒收外，攜帶者有上法庭的麻煩。（通常由緝私人員檢得黃金後，再着攜帶者付出少許保證金，如果在出庭的時候不到，保款沒收，但也不再追究。）至於金飾，雖沒有份量的限制，但在判定「自用金飾」與「故意製成金飾模樣，以遂其攜帶黃金進出口」的分別上時，頗有彈性，要看緝私人員的目光而定。爲了安全起見，旅客應取如下的態度：甲。攜金飾入口，須攜花紋製作較精細、舊的，並在緝私者檢查時，不能有故意掩飾的行爲，如藏在鞋底裏，或縫在衣服裏，最好穿戴在身上。如一旦「被執」—即被查去，上法庭時容易措辭。乙、攜金飾出口，如果祇有兩三錢，則無妨帶在手上或頸上，如超出此數，可到紙店（如德輔中致生公司）購買出入口紙 FOFM2 A——綠色的——三張，照下列的方法，用英文填寫三份：（因爲不明手續的人，填寫時常錯誤，空費不少時間，所以在下面舉了一個例，但各人所攜金飾形狀份量不同，不可照抄。）

所搭　　　　船名

離境日期

來自國	標誌	摘要	重量	f. o. b. 價格	c. i. f. 價格	前往埠名
不填	One Gold Bracelet 18ct. Eight Gold Bracelet					填地名
	9 Pieces			H.K. $480,00		

The above mentioned cargo is carried by myself on(船名)sailing to
(目的地) on(船期) Personal effects No Exchange Regd.

攜帶人簽字

本港住址

如果是搭飛機，寫某航空公司飛機⋯⋯如果是火車，寫廣九火車。大約每人可帶一二兩金飾，如果超過二兩，應當分幾個人帶，並須分成幾份（每份三張）申請。

把這三份中的一張，貼上一元印花（郵政局出售），然後攜帶金飾，送到德輔道中正和銀行原址外匯統制局簽字，由外匯統制局去取一張，然後持另兩張到干諾道統一碼頭對面消防大廈三樓出入口署去簽字，由該署將金飾檢驗包紮，並蓋火漆印，取去一張。到上船檢查時呈出最後的一張，便可通過。

手續雖然麻煩，但如果不報，查出來，誤了行程，更是麻煩。

（三）不要攜帶違禁的物品進口（槍械、煙土、香煙、酒、太多的化裝品）；也不要攜帶禁止出境的物品出口。（時有不同，現在是奶粉，水菓、汽水等，但少量仍舊可以。）（四）如果帶收音機，自由車、縫紉機、西藥（指有若干數量而言）等出口，可以到紙店購買出入口紙「ＯＲＭ２——白色紙一張，填寫貨的製造國名、貨名、價格及攜帶人姓名地址，所搭車船名，出境時間，隨後貼上一元印花，到消防大廈地下的出入口署去申請，手續很方便，祇要該署認可，繳了便走。不過這種紙，必須於車船開行的一日（如果是早上開，趕不及的話，則提早一日）去申請，檢查人員是拿了這些申請紙到車站船塢或飛機場去檢查的，看見已申請過，自然不會留難，如果車船飛機臨時改期，必須重行申請一次。

（四）在進出境遇到檢查時，不要向緝私人員隨便納賄，冀圖省事，尤其不能親手交給當時查驗你的本人。因爲往往行李中沒有違禁品，而向公務人員納賄，成了罪名，被拘禁控訴。在國民黨區過慣了用納賄來『過關』的人，到香港來應特別留意。當然不能說香港全無納賄的事情，但如果不講方法，沒有門路，反而弄巧成拙。

（五）香港碼頭門外的苦力（小工），非常可怕，他們一慣的手法，有下面幾種：甲、向來港旅客，詢問要否僱汽車，旅客誤會爲司機，便任他將行李搬上汽車，到目的地後便索巨資，往往一鬨而上汽車的，有兩三個人，結果飽受勒索。所以幾個人出門，應派一人去僱車輛（直接向坐在車中的人談），餘人守住行李。如果祇有一人，應把搬不動的行李，交給旅行社。至於着號衣的碼頭工，祇要問明價格，不必如此謹防。乙、搬行李時講定價格，上船送到指定處所時，苦力硬說是一件或一個苦力的價格，譬如講價五元，苦力們每人搬一件（甚至一小筐水菓），到船上硬索五元。所以講價時，必須再三地覆述是全部行李，而不是一個苦力或一件行李，苦力們遇到這種搭客，知道是老香港，就不會作過份的需索了。

（六）自港出入口，檢查的寬嚴也有差別，飛機最寬，輪船次之，火車最嚴，所坐的等位也有關係，等級高的大都寬些。同樣一件東西，此人不准帶，另一人可以攜帶出入口。

上面所述，指出入香港的一般情形而言，現在再說出國須注意的地方。

出國須知　凡自中國經過香港出國，或自香港出國的人，除了前面所說的以外，應當注意下列數點：

（一）到歐美南洋去的，都要具備護照，並經目的地國家領事簽證許可，及經過地點國家（不下車船飛機者不要）的領事簽字准許過境。沒有簽字，雖有護照，仍買不到輪船飛機票。

（二）護照如果過期或遺失，但具有目的地國家的准許文件，可以向外交部駐港辦事處請求延期，或發給臨時護照。

（三）到歐美南洋去的（美國除外），都須有出發前三個月以內的霍亂注射證書，及一年以內的牛痘接種證，這種證書，須由政府正式衛生機關發出，上面並須有蓋硬印的半身照片。

（四）搭輪船或飛機出國，票價假使照英鎊計算的，不能用鎊紙或匯單付給，必須按照官定兌換率，付給港幣。

（五）飛機旅客如攜帶照相機，應存放在鎖固的行李內，或交機上人保管，不得帶在身邊。

赴英屬　到英國和印度去，只限帶英鎊五鎊，逾額者要沒收，餘款可以購旅行支票或信用票。携帶英鎊以外的外幣，雖無限制，但須在入口時在海關單上塡明。赴英赴印，都要護照，護照應到香港護照部和中國兩廣外交特派員公署去簽字。

到馬來亞或星加坡，如果有護照，也到上述兩處去簽署，如沒有護照，必須具備目的地政府准許入口的證明文件，然後持向中國外交機關，申領臨時護照。

赴暹羅　到暹羅去的，除中國護照外，須先在暹羅取得入境許可。暹羅規定中國人入境新客，每年一萬人，手續極繁，老客則無限制。如想到暹羅去，可向僑務機關申請。

如在暹羅僅作短期勾留，而且坐飛機去，祗要在暹羅有舖保便可。暹羅對華僑課以人頭稅。

赴越南　由香港赴越南，無何特別手續，一切都可以委託旅行社或船公司代辦。

赴荷印　入口時每旅客只准帶等於四英鎊以下的外幣（指荷盾以外的貨幣而言），更不許帶尼加幣，違例的會被扣留處罰。

赴澳洲　雪梨當局規定，凡屬入境（一）遊客，必須先向移民局申請，並須有出發地的商店蓋章担保；（二）任職該地商店者，該店每年營業須超過五百鎊，方有資格代為申請，並須具充份理由；（三）學生須先具備當地學校的入學證明書，方能申請；（四）工人絕對不准前往。

赴法國 法國限制他國旅客，入境時帶遇多法郎，祇准帶現款四千法郎，及支票或匯票二萬一千法郎，外幣可以自由攜帶入境。

赴美國 美國人看不起黃種人，對入境中國人極爲苛求，以下爲進入美國的大概手續：

一、由港搭輪赴美旅客，除須具備牛痘接種證、傷寒副傷寒斑疹傷寒之注射證外，還須到輪船公司指定的醫生處，檢驗康健，須經醫生證明沒有任何傳染病，才可以買船票。

由港搭飛機赴美，中途在檀香山降落時，便要向當地海關移民局海關檢疫所呈驗下列證件。A、有效的護照及簽證（美國對中國移民有限額，新客極難獲准。）、健康證明書。C、各種注射接種證件。

二、非美籍中國人入境，留美日期超過六十天的，入境時付人頭稅美金八元。所以到美國去的，許多人爲領不到護照，改去加拿大，由加拿大入境比較容易。

各國駐港領事館

中國外交部兩廣特派員公署	滙豐銀行大厦三樓	二五六〇一
比利時領事館	滙豐銀行大厦叁樓	二八四〇〇

法國領事館	滙豐銀行大廈二樓	三二四八一
荷蘭領事館	亞細亞行五樓	二五七七一
葡萄牙領事館	雪廠街葡萄牙會所	二五七八九
瑞士領事館	亞力山大行四樓	二三一三四
瑞典領事館	德輔道中四號A太平洋行	三〇九六六
希臘領事館	德輔道中四號A太平洋行	三〇九六六
挪威領事館	滙豐銀行大廈	二六三八一
丹麥領事館	必打行叁樓	二一五八五
美國領事館	滙豐銀行大廈叁樓	二七六六一
加拿大移民局	於仁行地下	二三四一一
古巴領事館	於仁行六樓	二八九九五
巴拿馬領事館	勝利大廈四一〇號房	二四〇八二
巴西領事館	德輔道中八號叁樓	二三二一六
多米尼加領事館	德輔道中八號三樓	二三二一六
尼加拉瓜領事館	德輔道中八號叁樓	二三二一六
薩爾瓦多領事館	德輔道中八號叁樓	二三二一六
厄瓜多爾領事館	於仁街六樓	二八九九五

暹羅領事館	勝利大廈	二四五五二
菲律賓領事館	公主行六一二號室	二八七七八

五 旅館

路過香港，或在香港僅作幾個月勾留的，與其找房屋，毋寧住在旅館裏。在這人多屋少的今日，花掉一筆頂費找房屋，實在是愚蠢的事。

但是，在今日的香港，甚至找旅館也不容易，以市區最好的九龍半島酒店，香港的香港大酒店，告羅士打酒店說，經常沒有空房間，有「人事」的，也要等幾個月。中等旅館，則以空房間爲囤積居奇的對象。熟知香港情形的，懂得這一點，問一下旅館的賬房，有沒有被客定去而當晚沒有人的房間，自願出一些額外費用，就不難找到。至於再次一等的，則環境之骯髒，聲音之嘈雜，有臭蟲，都是不能避免的事。最滑稽的是：這些下等旅館，收費有時比高等的還貴。因爲高等旅館由政府限定價目，欲漲不得，下等的小旅館，便沒有這種顧忌，下面是中上等旅館所在地：

旅館名	地址	電話
香港大酒店	必打街	三〇二八一
告羅士打酒店	必打街	二八一四一

半島酒店	九龍尖沙咀梳利士巴利道	五八〇八一
淺水灣酒店	淺水灣	二七七七五
京都酒店	皇后大道中	三一一七一
百樂門酒店	跑馬地	二一九五九
華都酒店	銅鑼灣	三〇二九一
國泰酒店	銅鑼灣道	二〇三七一
六國大酒店	灣仔告羅士打道	三〇三八一
九龍酒店	九龍漢口道	五八〇〇八
思豪酒店	遮打道	二六六六四
勝斯酒店	銅鑼灣電車站	二六六三四
新寧招待所	銅鑼灣希愼道十號	三〇三七一
雅蘭亭酒店	九龍漆咸道	五八〇五五
山光酒店	山光道一號	三一一三八
萬邦公寓	九龍金巴利道六五號	五九一五九
如雲酒店	雪廠街二二號	二四五四二
玫瑰酒店	九龍彌敦道三十號	五八九三三
格蘭酒店	九龍加拿芬道	五八一四七

新亞大旅店	德輔道中二○六號	三○三五一
新新酒店	九龍彌敦道三六三號	五九二一三
德鄰公寓	九龍漢口道四號	五八九六二
東山酒店	干諾道西三十七號	二○三○五
海景酒店	九龍漆咸道	五七○六○
聖保羅旅店	上亞厘畢道一號	三一二○三
萬邦酒店	九龍麼地道二至十二號	五九一六八
菲獵士公寓	九龍彌敦道八○號	五○四五二
南屏酒店	德輔道中一四一號	二八一○一
紅樓酒店	九龍庇利金街一至一二號	五八○四一
亞洲酒店	干諾道中一二六號	二八一九一
金巴利酒店	九龍金巴利道三十三號	五八一七七
南國酒店	彌敦道七五○號	五九六六七
佐頓酒店	佐敦道四五號	五八四九四
大觀酒店	德輔道中九十號	三四一三八
大東酒店	干諾道中一一二號	二六六二一
海陸通旅館	干諾道中一五○號	二一九九五

新光酒店　干諾道中一五九號　三〇三九一
大中華酒店　干諾道中一一九號　二七七五一

香港的旅館，大小無止上百，不再一一枚舉下去了。（本章完）

入門問禁（補白）

△不要在公衆場所、馬路上隨地吐痰。如被警務人員看見，通常由法庭按處廿五元左右的罰金。（依法是處百元以下罰金）。

△賭博用具如天九牌、馬將牌、撲克牌，在香港並不違法，但天九牌只能打天九，不能推牌九，撲克牌可用作玩橋牌等遊戲，不能玩十三張，違此的都要受罰。打馬將在晚間十一時以後，至清晨五時前，如果妨害他人睡眠，也要受警察干涉。

△不要把自菜市買回的活雞活鴨等，倒提着在街上行走，也不能打狗或把狗飼養在低矮的狗屋中，否則便犯虐待牲畜的罪名。

△在香港居住，沒有職業，也犯無業遊蕩罪，不過適用此項法令的，只限於窮人。

學齡兒童不入學校，家長也觸犯法律。

△不要將印刷用具，甚至輕便的油印機，放在家中，如購置這類用具，必須呈報。

購物指南

鏹兌　皇后道近中央街市處。孖沙街。
金飾　皇后道中近九如坊處。九龍上海街。
傢私　灣仔軒尼詩道及莊士頓道，荷里活道。
衣料　皇后道，永安街，乍畏街，機利文街。
文具　砵甸乍街。
鐘錶　皇后道中及德輔道中。
百貨公司　德輔道中。
旅行袋帆布床　中環禧利街。
化工原料　同文街。
五金　九龍上海街，新填地街。
舊膠輪胎　新填地街。
木行　洛克道。
木箱打包　第一街。
脚踏車　灣仔莊士頓道及軒尼詩道。
醬園　九龍城之東。
海味　永樂街，德輔道西。
鹹魚　德輔道西。
菓菜欄　新街市街，東來街。
抽紗顧繡　必打街，漢口道。
洋服　皇后道中，彌敦道，士丹利街威靈頓街。
故衣　皇后大道西一百二十號至兩百號間。
裁縫車衣　卑利街。
膠鞋　德輔道中二百號左右。
皮革　摩囉下街
瓷器缸瓦山貨竹器　乍畏街。
籐器　大南街，基隆街。
洋傘　皇后大道中一百號至三百號間。
保險箱　荷里活道。
樟木箱　皇后大道東口。
中國藥材及參號　文咸西街，高陞街。
西藥房　皇后大道中三百號左右。
象牙　威靈頓街。
圖章　文華里。
體育用品　結志街。

娛樂篇

一 名勝古蹟

香港方面　一、坐纜車遊扯旗山。香港本島上的山嶺有十幾個，依高度排列，是扯旗山（拔海一、八二三英尺，又名太平山），柏架山（一、七三〇英尺），加列山（一、六七二英尺），歌賦山（一、五三六英尺），畢拉山（一四二三英尺），金馬倫山和渣甸山（一、四二〇英尺），聶高臣山（一、四一〇英尺），赤柱山（一、一六八英尺），蒿鏮臣山（一、〇六五英尺），布甸乍山（一、〇〇二英尺），摩星嶺（八三六英尺），磚窰山（七五〇英尺），柴灣山（六三〇英尺）。其中以扯旗山最高，登山遠眺，港九一覽無遺，天水相接，帆檣出沒，觀者無不爲之心曠神怡。加以登山有纜車設備，在遠東祇有兩處（另一處在日本東京郊外的日光，所以第一次到香港來的，無不去遊扯旗山，以期對全香港作個鳥瞰。

纜車站在花園道旁，車分頭二等，每車可容五十人，共有兩架，一上一下，動力全靠山上的電動絞盤。兩車都用鋼纜牽引，每十五分鐘對開一次。上山時穿越林谷，遇到陡坡，人如倒懸，耳膜受到重壓。共計七站，約十分鐘可到達頂站。票價單程頭等六毫，二等二毛半。頂站設在扯旗山的峯腰域多利峽（從起站到頂站共升高一千三百英尺）自域多利峽出發，有兩條路線可供遊覽：一條是循盧吉道繞峯腰一圈，靠北的一段，有水泥鋼骨築成的棧道，全長約二英里，步行約需一小時可畢全程。一條是到扯旗山巔的山頂道，時間稍短，上有砲台遺跡。有升旗用的旗杆，所以稱扯旗山。（據說多年前纜車曾失事過一次，全車碎成齏粉，後來加以改善，現在已沒有危險了。）

在香港未開埠前，相傳有海盜張保仔，利用扯旗山頂，作爲瞭望之所，看到商船進出，就用旗語通知山下的營寨，派船搶劫。現在則被利用爲標誌船舶信號的所在。山頂及西高嶺一帶種有夏蘭子（Hydargea）爲八仙花屬，有赤紅紫淡藍等色，陽曆六月間開放，滿山滿谷，如火如荼，因而有人稱爲「香港花塢」，也算是香港風景區之一。

每年重陽，登山的人摩肩接踵，假日的遊人特別多。但要記着，自半山起，卽禁止攝影，偷偷地攝影的自然也有，遇到警察，攝影機可能被沒收。

其實登山道路，蹊路皆通，如果遊者有充裕的時間，捨車步行，通常的路徑有二：一是循山下的纜車站傍（左側）的小路，沿纜車軌道拾級而登，曲徑通幽，流泉潺潺，疑是無路，却是柳暗花明。橫越過堅尼地道，麥當奴道、寶雲道，在自來水的濾水池傍穿越上去，再經過梅道、山頂道，便到達纜車頂站的右側（自下向上觀而言）。纜車站前設有「山頂餐室」，可供歇息。

下山時，先由原來的山頂道出發，不要通過纜車路鐵橋走入梅道，而向西南走，經過「兵頭花園」的西側，而達中環。如果沒有心臟病，腿脚輕便的人，上山下山，統共只要兩小時許。一個初遊扯旗山的人不必恐懼迷路，因爲一面以山峯作目標，一面以海作目標，其間有許多廣寬的馬路，條條通連，走那一條都可以到達，決不會作「迷途的羔羊」。

山腰上的寶雲道，是情侶們「拍拖」（攜手同行的意思）的所在，日麗風和的季節，西裝革履的摩登仕女，拖着木屐和長辮的勞苦羣衆，成對成雙地走着。風光綺妮，煞是好看。

二、兵頭花園，是香港唯一的公園。在上亞厘畢道總督府之上，花園道的旁邊。分成兩部，東邊的叫大兵頭公園，西邊的叫二名頭公園。所以取名兵頭，並不是「兵的頭腦」，而是英文 Botanical Garden 的譯音，意即「植物園」。其中種植熱帶所特有的棕櫚科植物，都有木牌寫着學名和產地，國內來的遊客，到此別有風味。不過規模不大，難與上海的兆豐花園比擬。如果怕爬山，可以自統一碼頭搭三號巴士上去。

三、香港仔　在今日着來，香港仔的繁盛，遠不及中環市區，可是遠在香港未劃歸英國時，香港仔却是全港居民最稠密的地方。當地有不少「蛋民」，依漁業為生，因比有許多「水上人家」，遊香港仔的目標有二：一是嚐海鮮，岸上有幾間酒家，海中則有不少水上飯店。食客可搭小艇到這些餐船上去，由侍者出示所養海鮮，如龍蝦、鮑魚、石斑、羔蟹、明蝦、七日鮮等，任客選擇後烹煮。因為原料新鮮，烹調的工夫也不惡，所以去嚐新的外省人不少。價錢不見得比市區便宜。

另一個目標，是看漁火。有些騷人墨客，面對着星星點點的無數漁火，一杯在手，少不得吟哦一番。據說「港仔漁火」便是香港十景之一。

到香港仔去，可搭七號巴士。

四、虎豹別墅　在大坑區的半山上。有永安堂主人胡文虎所建的別墅。正屋模仿宮殿，內部則爲西式。園址廣闊，依山而築，亭榭相望，七級的虎塔，高聳半山，高一四五尺，此外有一些人造山洞。非中非西，亦中亦西，建造時的確花了不少本錢。其好處是終年開放，任人遊覽，不取分文。

五、二伯公廟　在鰂魚涌太古糖房對面的山上。廟的本身並不足觀，但有一段有趣的歷史。相傳有儒而醫者名魏石樓的，淪爲石工，在鰂魚涌開山碎石，因爲年紀大，又有些知識，附近石工都尊稱爲「二伯公」。他一日兩餐之外，所得俱花在煙嫖兩字上，在山岩上設有自己的煙局。因爲他懂得醫法，治風流病特別靈驗，妓女們也常去請敎，但他分文不取，於是被當作活神仙。他所居的石岩後有兩塊石頭，形似男女的生殖器，魏取名爲「烟緣寶石」，介紹交霉運的妓女去禮拜，據說拜過的便交紅運。後來魏就死在岩裏，朋友替他把岩封了，平素相識的妓女仍常到岩前去祈福，都說十分靈驗。後來太古糖房有個西籍職員的華籍太太，因爲病時禮拜二伯公，得以死回生，特爲他造了一所廟宇。

除二伯公廟以外，上環荷里活道有所「文武廟」，守舊的商民們在廢曆元旦以到廟上頭炷香爲吉利，至今香火不衰。銅鑼灣有座天后廟，也有不少神話。

六、大潭篤水塘，香港食水，並不像內地一樣，依靠淡水河，而是全部靠着雨水，關於食水的問題，在下章中再爲介紹。作爲名勝看，則香港的大潭篤水塘，與九龍的銀禧水塘，工程都算浩大，外來遊客，都要來瞻觀一番。

大潭篤水塘，在赤柱與石澳之間，建有一里長的堤壩，阻截了大潭溪的水流而成。堤壩高達一百七十英尺，上面可以行車。這是香港本島最大的水塘，容量十四億一千九百萬加侖，在一九一七年完成。汪然巨浸，猶如湖沼。

到大潭篤去，有兩條路：一爲從赤柱東北的香島道搭「的士」前往，一爲從黃泥涌方面去。

水塘的水清澈見底，但因爲是食水，遊客不准游泳，否則便要拘控。

遊覽香港名勝日程　香港本島，誠所謂「彈丸之地」，但走馬看花，倒也要化上一兩天。一天的遊程，其分配如下：

甲、早晨七時許從中環出發，搭纜車遊扯旗山，每人車費一元二毫。

乙、下山時在堅尼地道站下車，向東循堅尼地道西行，經花園道到兵頭花園。

丙、自原門出園，循花園道向下步行數武，回至纜車站，搭「的士」至虎豹別墅，不必登山，略觀一週，搭原車至石澳。（的士每輛可搭客四人，等候的時間也要算錢，此程大約需費十五元。）

丁、自石澳乘原車，經大潭篤水塘、赤柱至淺水灣。在「淺水灣飯店」或「麗都」午餐。（的士費約十五元，至淺水灣後辭去汽車，餐費豐儉隨意。）至「海國」租衣游泳。

戊、五時許另僱的士，經深水灣到香港仔（的士費約六元，如坐巴士亦可，但等候較久，因車頗擠擁），僱小艇至水上飯店嚐海鮮。（每人餐費約十元。）

己、餐畢，回香港仔搭的士（的士約八元）經過瑪麗醫院，香港大學（均略停觀覽）回到中環市區。如不遊瑪麗醫院及港大，可搭巴士回市區，每人車費五毫。）

以上的遊程，是爲僅能作一日遊的人設計的。如果擬在香港作兩日遊歷，而能作步行的話，則可取消前表的第一項，把一整天花在遊覽山色上面。遊山路程如下：

子、搭纜車到域多利山峽，依大道向東行，約一英里達旱橋，然後向右轉，環行奇歷山（Mount Kellett在扯旗山的東南）一週，回到纜車頂站（約一小時路程）。

丑、繞扯旗山頂一週，回到原處。（約一小時）

寅、經纜車站旁之斜路向下行，向東折入柏架道，再經過馬巴仙山峽道，到有交通燈號處，再前行至灣仔山峽，見有指路牌時，又向右轉斜上行至盡頭，到黃泥涌，然後下山到跑馬地，約三小時。

有了兩天的遊覽，香港的風景區，總算全跑過了。另外有幾個風景區，是香港青年人假日作野餐之處，可留待將來有機會時補去。這幾處是：

七、賽西湖　在七姊妹山上的一個小塘。

八、鋼線灣　在瑪麗醫院附近，夏季有人設游泳棚出租。常有人在那裏舉火作野餐

九、柴灣　到筲箕灣後，沿香島道走到鯉魚門之東，便是柴灣，灣畔小丘，常有童子軍露營。

九龍名勝　一、九龍寨城　在啓德機場附近，城牆是香港割讓以後造的。爲了要拆除城內的木屋，曾引起了這所寨城的主權問題，因爲依據條約，該城是廣東省寶安縣所屬的在九龍的一塊「飛地」，並未租給英國，因此掀起了一九四八年的九龍城外交事件，使寨城又添一頁可資紀念的歷史。

九龍寨城，面積不大，寬兩百四十碼，長一百三十碼。佔地七十畝。城牆高二丈，寬五尺至一丈，設東南西北四個城門，其中南門是正門，額以九龍寨城四個大字，右邊寫着築城年月「道光二十七年季春吉日」。在北面城牆兩角，又伸出兩道城牆，各長二百三十碼，高六尺寬三尺，終點直達寨城後的白鶴山，作成一個尖頂的「日」字形，周圍寬約一里。爲什麼還要說明這些，因爲香港在被日本攻陷後，城牆已被日本人拆光，現在祇賸下城基遺址，供人憑弔了。

城內現存古物，只有兩尊鐵砲，放在南門舊址之內，砲口向南，其一重四千斤，另一門重五千斤，砲上鑄有「嘉慶七年仲春月，署廣東巡撫部院瑚，協辦大學士兩廣都堂覺羅吉，提督廣東全省軍門孫，兩廣都鹽運使包，督造四千斤大砲一位。」由此可見當時鑄兩尊大砲，多麼愼重其事。

城內的古蹟，還有兩處：一爲字紙亭，是清道光廿九年九龍守官署理大鵬協副將張玉堂捐廉所建。張玉堂又在城裏建屋收租，作爲字紙亭的經常費。這個人雖是武官，却也附庸風雅，愛作書法，不僅用毛筆，還能用手指拳頭寫字。字紙亭的四壁，就銘刻着他的各種書法。中間的是一篇「敬惜字紙銘」，是勸人惜字紙的。現在亭已毀壞，只剩一部分的左壁和後壁。

另一是「龍津義學」，比較完好。這是和九龍寨城同時建造的，其形式規模，頗似內地的貢院。其中石壁上刻有「九龍司新建龍津義學敍」，爲當時的新安縣知事王銘鼎所作。

城後的白鶴山，又名雙鳳山，上面有些古蹟。相傳從前有白鶴一雙，在山的大石上棲息。雙鳳實在是雙鶴之誤。上面有個「遊仙巖」，是三塊小石上面，疊着一塊大石而成，石高六七尺，寬三丈餘，刻着遊仙巖三字。石頂有棋盤棋子，巖裏則有一塊「叮噹石」，半埋在泥裏。石面有幾個小孔，敲時叮噹作響。再上面有塊大石，有兩個橢圓形的痕跡，長兩尺多，這便是「仙人脚印」。現在因爲有人開採石塊，這些古蹟恐不能再保存下去，也將像寨城外的「龍津亭」和「津石橋」一樣，祇有歷史上的紀載了。

二、宋王台　宋王台是日本侵略者毀滅的古蹟之一。本來在馬頭涌的聖山上。聖山高一百十四尺，寬廣六百碼，距九龍寨城約六里。山上有塊大石，蓋在另幾塊大石上，像個山洞。據說初時可以住人，作者在戰時幾年看到時，已爲塵泥湮沒，祇能俯伏着爬進去。相傳一二八七年宋帝昺爲異族的侵略者逼到這裏，走頭無路，天天站在石上，凝望着鯉魚門水口，看有沒有船隻救他到海外去，晚間，便宿在石下。宋帝昺後來逃到廣東南路一帶去，但這幾塊大石，引起了一些有民族思想者的懷念，在石的四週，築了美麗的欄干，又築了門樓和石級。日本人佔了香港，討厭這個引起民族思想的古蹟，借着擴充啓德機場的機會，把宋王台全部剷平。連原來山下海濱的許多怪石，如臥牛石，玉璽石等，以及許多大榕樹，也看不到痕跡了。

三、侯王廟　護送宋帝南來的國舅楊亮節，因爲死於九龍，後人乃建侯王廟來紀念他。該廟在白鶴山的西南山脚下，有條叫「廟道」的，是進廟正路，路口有石坊碑記。遊者可從嘉林邊道進去。從宋末至今，已七百多年，但現在能看到的，只有道光二年、光緒五年和民國九年的重修碑記。據陳伯陶氏考據，楊亮節生時封侯，死後封王，所以叫侯王。侯王廟的右邊山上有兩塊石上分別刻着「鵝」「鶴」兩字，鵝字一筆寫成，日佔時石被毀去，現在只餘「鶴」字石。

此廟據迷信的人說極爲靈驗，廟裏至今有個匾，寫着「折洋劬盜」四字，便是當時守官何長清拿獲了大盜「花旦滿」後，酬謝神的指示所送。

四、嗇色園　因爲香港是個殖民地，宗教特別發達，五花八門，無奇不有。嗇色園便是特出的一所。這所廟住的雖是黃冠，供奉的却是李老君、釋迦牟尼和孔丘。三教合一，與江南的一貫道彷彿。園內亭台樓閣，建築得十分精緻。建築物有赤松黃仙祠（因此俗稱此園爲黃大仙廟），雨化堂，經堂，意密堂，麟閣，盂香亭，玉液池。所謂名流的題字很多。

嗇色園在啓德機場之北，設有巴士站（黃大仙站），但須步行一華里許才能到達。

五、觀音廟　由黃大仙東邊的大路向上，便是慈雲山，山上有觀音廟，關於廟的神話很多。廟後山上有塊巖石叫「姻緣石」，自有迷信的遊客，前往膜拜。

六、鑽石山　黃大仙站向東再過一站下車，可以走到鑽石山去，鑽石得名於鳳凰溪中的鵝卵石，這種石塊無慮幾萬，山泉沖刷，水聲淙淙，遊者在清澈的山泉中，少不得除下鞋襪，濯足一下。

七、獅子山　九龍（老界）和新界之間，有八個山峯隔着，獅子山便是其中出名的一個。一來爲了牠像隻蹲着的獅子，二來山頂上有一口「奇」井，傳說其中藏有一對金蠟燭。獅子山的高度是拔海一六二〇英尺，山南是峻壁，祇能從北面爬上最高峯，登峯的人不多。

八、花墟　九龍界限街靠東的一截，叫做花墟，因爲有許多花農，在那裏種花養魚。從前這一段在晨曦初上之頃，滿攤着花灘，現在已看不見了。傳說這一段地皮，爲上海來的闊人購去，將來一旦建屋，花墟就有名無實了。

九、小西湖　小西湖是蓄水池，可以自九龍塘尾上山，經過廣九路的煙墩山隧道上面，向西走幾分鐘便到。妙處在山谷之中，有着青松綠水，小橋幽徑。思念西湖的人，便在此地望梅止渴。

十、海壇廟　築在土瓜灣對面的小島上，因爲在海中，又叫海心廟。進香的大抵是漁民，廟在亂石叢中，已被拆毁，無足可觀。

十一、青山禪院　在新界的青山。青山又名杯渡山，高出海面一九〇六英尺，有人定出山上八景：卽一、石門開合，二、桃花映澗，三、鷹爪奇石，四、虎跑清泉，五、海嘯明月，六、龍化石巖，七、昌黎墨蹟，八、八仙古洞。青山禪院，便築在山腰中。到青山去，可搭巴士，在青山站下車，雇小艇渡過一段狹窄的海面（每客約船資五毫），便可循小徑上去。經過挹曉亭、半山亭，「香海名山」牌坊（前港督金文泰所題）、有魚墳，便入院門。院內有護法殿，大雄寶殿、地藏殿、嘉客堂、青雲觀、杯渡遺跡牌坊，杯渡岩，化龍岩（八景之六）、海月亭（八景之五），韓陵片石亭（八景之七，亭外路邊大石有韓愈寫的「高山第一」四字，亭內有一篇石刻的青山遊記）。

相傳有個禪師，在青山擲杯爲渡，跨海而去，院中的杯渡岩，便是這個古蹟。杯渡岩上有杯渡禪師的石像，高約四尺。寺中有一塊浮石，據說是龍骨，現在仍被當作奇貨。

港九所有古蹟之中，青山禪院是比較出色的一個，寺門外聯語「十里松杉園古寺，百重雲水繞青山」，可說是最貼切的寫照，院外遍植松柏，風過處松濤大作，坐聆片刻，眞有出世越塵之感，院內僧人，招待客人太週到，除了烹調鮮美的素齋外，還有客房備客留宿，按日計費。

除了青山禪院之外，青山有一名叫「定菴」的尼庵，清靜幽雅，可以留榻給喜作臨時山居的遊客，設有不少客房，男女可以同住，每逢假期，便有些鴛侶專誠上山在那裏歇宿。

十二、馬騮山　在九龍市區北二英里，山勢蜿蜒，林木茂盛，中有猿猴頗多，毫不怕人，遇有遊客經過，便羣出索食。粵語叫猴子爲「馬騮」，此山因是得名。

十三、銀禧水塘　是港九最大而且最新的水塘。落成時適爲已故英王喬治五世登極廿五週年紀念，故以銀禧名。塘在荃灣之東，容水量三十億加倫，據說現在尙是世界最大的水塘。值得一觀的有：一、遠東最大的堤壩，堤下築有許多密室，對日戰爭以前，有許多軍事機關設在那裏，作爲防空洞。二、宣洩滿溢水量的大碗，上寬下窄，形似喇叭，觀者無不歎爲「鬼斧神工」。三、水塔一所，高數丈，也是一件規模浩大的工程。

十四、沙田　香港人在假日有郊外旅行的習慣，其中去沙田的最多，遊覽的地點有三處，一、西林寺，在沙田排頭，有客堂，龍天常住，觀瀑亭，觀音塔殿，藥師殿，龍華堂，悔思堂，華嚴苑，小長壽軒，極樂蓮宮，得一步齋，水竹居等建築。寺內可食齋，設備尙好，祇是取費昂貴。二、車公廟，規模不大。三、望夫山，在沙田獅子山背，拔海八三〇英尺，山頂有塊巨大的石塊，高約三十五英尺，從沙田火車站方面望去，頗像一個廣東婦人，背着孩子站在上面。這個石塊名叫「望夫石」，是「新界八景」之一——望夫化石。俗名「背仔石」。如果攀山南行，可到九龍城，沿途有些小瀑布。

十五、荃灣　到荃灣去的人，大都是爲了去遊千灣山上的東普陀和三疊潭。東普陀有天王寺、韋陀殿、大雄寶殿、客堂、祖堂、五觀堂、藏經閣、吉祥院等建築。寺中陳有一隻古鼎。三疊潭在荃灣老圍村的山溪間，最低的一個潭小而淺，右邊有一「英雄石」，可以拾級而登，聚餐的人大都在此。再向上行是第二潭，長而深，可以游泳。第三潭最高，上有飛瀑，潭水湍急，祇可觀賞，遊泳有相當危險。除了這兩處外，荃灣的「三百錢」，是個游泳的海灘。

十五、大帽山　香港九龍最高的山，每年香港有爬山比賽，總以大帽山爲對象。高度是三一三〇英尺，二千英尺以上的山峯有十一個，佔地甚廣，半山終年雲霧籠罩，遠視之似一大帽。新界的河流：城門、錦田、林村三河，都發源此山。

十六、新娘潭　在新界東北八仙嶺北面，深不可測，旁有一高約三十五英尺的瀑布，長年不涸。旱季瀑細而潭淺，雨季則瀑水奔流，氣魄雄壯。潭的四週植有紅色的杜鵑，映着山光水色，特別嬌豔。潭邊出產一種怪螺。普通螺的尾部是尖形的，但新娘潭的螺都好似被人截去了一截。遊客總要拾幾顆回去留作紀念。

新娘潭的左邊，有條往烏鮫田的路。有一岐路，可通照鏡潭。潭寬十五英尺，長則倍之，該潭的妙處在潭頂的石頭，有一寬三英尺高十英尺的大孔，水從此孔流下，成爲一條高五十英尺的瀑布。從石孔望下去，猶如照鏡子，照鏡潭便由是得名。再上去到烏鮫田村之南，有香港第二大瀑布「涌尾瀑」，高約六七丈，水沫飛濺，猶如雲霧。

十七、八仙瀑布　可由粉嶺循沙頭角公路東北行，到石涌凹轉向東南方行卽達。八仙山高二一〇二英尺，以八峯屏立得名，東面有大瀑布，銀河倒瀉，極爲壯觀。

十八、上水　上水算得不名勝，可是郊遊的人很多，除市墟外，有政府的農業試驗場，養猪場，養猪場內有幾百斤重的外國猪，作爲改良附近猪種之用。有港督的別墅，一度作過上水鄉村師範的校舍，建築得很精美。香港紳士何東爵士（中國人入英籍）在上水建一農場，叫東英學圃，因爲無心經營，有凋落的景象。

十九、大埔　大埔是郊遊的所在，所產的木瓜很好。有出身草澤，後作國民黨將軍的李福林所辦的康樂園，有永利威主人黃筱煒的別業「古松山」，距市幾里，有摩囉潭等風景，但不值一觀。

二十、粉嶺　外國人與「高等華人」的歇夏處，有「遠東最大」的高爾夫球場，計三個場，兩個會所，有人介紹才能參觀。又有跑馬場，比香港本島上的跑馬場稍遜色。

廿一、大澳　是香港外海的一個小島。島上有叢山蓬瀛古洞，洞的西邊約一英里處，半山危崖間，有個叢山飛瀑，約八九丈高，五六尺寬。當地有塊「將軍石」，形似穿盔甲的武士，下部有物挺然，醜惡難看，但非常有名。大澳的對面是大嶼山島的二澳村，其北有「水嘮嘈瀑」，是香港最大瀑布，瀑從山上下瀉，每一曲折，匯成一潭，全瀑高約一千多尺，其上面的部份，叫做「萬丈瀑」。

廿二、鑊底灣　在荃灣對面的青衣島上，荒無人煙，有些炫奇的外國人和一些高等華人，在灣的海灘上，作「天體運動」，換言之即作裸體運動。但外人不得其門而入，要參加的非裸着體得着主辦西人的審查准許不可。每到會期，該會自駛小輪前往。

廿三、觀音山　在大帽山附近，近頂巉巖，如觀音坐蓮，因是得名。山的前面有八個丘陵，俗人誤會之爲「十八羅漢拜觀音」。山上有凌雲寺，紫竹林，圓通菴等三間寺廟。以凌雲寺較出名，寺在觀音山腰，有甘露門、普渡橋、高閣、佛殿、禪堂、藏經樓、隱蓮堂、北藏殿、湼盤堂等建築。

遊覽九龍名程日程　九龍地區較廣，雖說交通工具便利，如果一一遍覽，倒也不是兩三天可以完事的。下面所列，僅爲在港只有短期勾留的人設計的：

第一日：自香港出發，由尖沙咀搭一號巴士到九龍城站，沿加林邊道向北到侯王廟，然後循小路登白鶴山，折下至九龍寨城。回出到九龍城巴士站，搭巴士到黃大仙站，下車步行，遊覽嗇色園，然後翻越過慈雲山，直下至山下圍村，沙田已經在望。在沙田西林略事歇息，再遊車公廟，然後搭廣九火車回至尖沙咀。其中步行的時間，約佔六小時。

如果時間與足力許可，可以循公路步行，經過銀禧水塘回來，此路有巴士，沿途可以搭車。

第二日，統一碼頭過海，在佐頓道碼頭搭巴士到荃灣，遊畢三疊潭後，回至公路，再搭巴士到靑山站，搭小艇過海，遊覽靑山禪院各勝蹟。

第三日，在統一碼頭搭輪到大澳，遊畢後到大嶼山。然後搭輪返港。到大澳去的小輪，屬油蔴地小輪公司所有，每天只來回一次，對於開行時間，遊客必須特別留意。

二　運動

香港的運動競技，以足球與游泳爲主，與國內之着重田徑賽與籃球不同。因爲香港地處海濱，具有許多天然的良好海浴場，一方面又受了足球的祖國——英國的影響。賽馬雖說也是一種運動，但賭博的意義，遠較運動爲多。

足球　觀賞「遠東第一」的足球，是到香港遊歷的人不能錯過的節目。香港的足球季節，是秋冬春三季，甲乙組球隊，有幾十個參加各種比賽。其中如埠際賽，聯賽，都精彩百出，值得一看。過有這種比賽，觀者人山人海，甚至有攀山爬樹，因而失足喪命的。

要欣賞香港足球比賽，須對香港足球界的特點，略爲明瞭：一、香港中國籍的足球員，出名的不過幾十個，因爲香港雖無職業足球員，可是好的足球員，各會各隊爭相羅致，以介紹職業爲競爭手腕，於是造成了球員的明星制度。這種制度，流弊多於好處，最容易發覺的是：甲組球員，大多逾齡，數來數去是這幾個，新進的人才極少。二、永安堂的少東胡好，已成爲足球界一霸，凡他所支持的會，不論星島會也好，傑志會也好，南華會也好，都會得到勝利。因爲他的資力雄厚，吸收了最好的甲組球員（他所主持的虎報，甲組球員有六七個在當職員），那個會得他支持，那個會始有奪標希望。

因此，看足球賽有兩個原則：一是看華洋兩隊爭奪的比賽，因爲富於刺激性；二是看胡好支持的一隊，遇到比較好的球隊的時候。

下面的名單所列，是香港比較出名的甲組華籍球員：侯榕生、鄒文治、宋靈聖、劉松生、馮景祥、朱永强、黎兆榮、何應芬、郭英祺、鄧宜杰、李大輝、張金海、許竟成、謝錦洪、高保强、費春華、譚均幹、馮坤勝、余耀德、李德祺、謝錦河、孔慶煜、陳德輝、鄧森、嚴士鑫、譚煥章、李春發、盧華勝、李頌友、李國威、盧漢臣、區志賢、張樹陵。那一隊在上述名單中所佔的人數多，那一隊的實力比較强。

下面是比較重要的比賽：埠際賽，足球總會主辦的六大錦標賽（聯賽、赤柱盾、銀牌、常賽、督憲盃、國際盃、紀念盃），勝利盾。這些比賽到決賽或兩虎相爭時，萬人空巷，熱鬧非凡，購票稍遲，便有向隅之感。

足球場的地點如下：南華球場（加路連山，亦稱「嘉山」），警察球場（九龍花墟），香港會球場（跑馬地，亦稱「愉園」），陸軍球場（在掃桿埔），海軍球場（在銅鑼灣）五個。

游泳　每逢夏季，各海灘泳場，便呈擁擠狀態。看足球賽等於看戲，踢的人少而看的人多，游泳則游的人多看的人少，可算得眞正的運動，所以除了一年一度的公開渡海泳、公開賽、和不定期的埠際賽外，賽事冷落。

主要的海浴場如下：

一、淺水灣。在香港市區背面，環境幽美，有「六號巴士」直達，為最多人游泳的地方。有海國游泳場，可以換衣，並有出租的房間，專供游者沐浴歇息之用，此外有麗都舞廳，牛奶公司，出售食物及飲料；淺水灣飯店，美奐美輪，是有錢人住的第一流旅館。香港有些富翁，在淺水灣築有別墅和私人泳棚，如有熟人介紹，也可借用。這個游泳場，是環境勝於沙灘，凡去游泳的，要謹防沙灘內的石頭，割破腳趾。

二、石澳。地在香港東端，距市區十餘英里，必須搭「的士」或私家汽車前往，優點是沙灘平與沙質細，沒有石塊，缺點是遇到風大的季節，波浪很大。除了私人的游泳棚外，當地居民設置許多布蓬棚出租，並代客挑淡水沐浴。吃龍蝦，是到石澳去的又一娛樂節目。

三、荔枝角。在九龍荔枝角道，有十二號巴士直達。海灘頗闊，其他未見精彩，水尤汚濁。荔枝角酒店，可供飲食，每逢星期假日，普通遊客，趨之若騖。

四、清水灣。水淺沙平，是香港最理想的海浴場，可惜懸處九龍半島之外，要坐汽船才可到達。油蔴地小輪公司，每逢夏季假日，特開專輪，每人來回船費約二元五毫。私人泳棚頗多，有飲料出售，往遊者最好自備果點。

五、大浪灣。在石澳北面，以環境清靜，波大浪高著，別有一種風味；但初學者不甚適宜。

六、赤柱。設有若干私人的遊泳棚，水深，游者不多。

七、鐘聲泳棚。在西環堅尼地城，這是日本侵略戰爭燬滅了七姊妹的泳棚後，碩果僅存的一個市區泳棚，由鐘聲慈善社主辦，設備雖簡，却應有盡有，以交通方便著稱，有電車可以直達（略行數步）。

八、「十一咪」及「十一咪半」，都是九龍半島西邊的海灘浴場，多私家泳棚，風景清麗，有去元朗的十六號巴士經過。

九、「十九咪」。海灘極好，環境尤佳，妙在路遠，既可游泳，兼作旅行，最適宜情侶偕往。設有「容龍別墅」，由六國飯店代理，享受華貴，價亦不菲。

十、銀鑛灣。在港外大嶼山島的東面，有到長洲去的小輪（自油蔴地統一碼頭出發）經過，停靠海中，由小帆船接駁。灣內有泳場，設有公開出租房間出售食物的「游泳商店」。牛奶公司亦有分設。灣後有漁村，遊客可以雇小童引導着到銀鑛洞去玩。

至於戰前的七姊妹海泳棚，如華人、南華、中華各家，戰時損燬後都沒有恢復，因為港府已準備填平該處淺灘，築建房屋。

如以游泳池說，可分海水，淡水兩種。較出名的如下：

一、麗池泳場。在香港北角，有筲箕灣電車和兩號巴士到達門口。海水。跳台泳池建築得很好。附設海浴場，並有小船出租。此外有舞廳、酒吧、餐室等設備。

二、青年會泳池。在香港半山的必列啫士街中華基督教青年會內，專供會員及親友之用，是室內的淡水游泳池，男女分別日期開放。規矩頗嚴，只有爲學游泳而游泳的人，才到那邊去。

三、鑽石山游泳池。在九龍啓德機場對面的鑽石山山坡上。有五號，九號、十三號等巴士經過附近。鑿山成池，匯引天落的淡水。爲香港僅有的兩個室外淡水游泳池之一。該地原來是陳七花園，後來改爲志蓮淨苑，放生池則改建了游泳池。附近的風景不錯。換衣設備則不甚週全。

四、竹園洞　在啓德機場旁的竹園洞村，有個水泥造的游泳池，屬港九居民聯合會所有，引鳳凰溪的山水，也是淡水池，夏季遊人很多。

香港出名的游泳團體，有域多利，中青，勵進，鐘聲，東方等會。

籃球　籃球運動，在香港不甚普遍，但是有逐年發達的趨勢，這是受了國內與菲律賓的影響。不發達的主要原因，是籃球場缺少。除了不公開的學校籃球場（數目不多，合標準的有香島、德貞等校）外，半公開的只有南華籃球場（加路連山），九龍青年會支會球場（窩打老道）合乎標準。香港青年會有個香港僅有的室內球場，面積太小，球場四角有物障礙，不合標準。南華中青青支這三個球場，平日只供會員用，遇有公開比賽，可以借用，可算是半公開的。西灣河的太古球場也不錯，但只供職工使用。找遍港九，尋不出一個任人可入，合乎標準的公衆籃球場，至於室內球場，更談不到了。沒有公開的籃球場，造成了香港籃球運動不發達，水準不能提高的局面。

比較好的甲組球隊，有下列幾個：南華，中青，公民，黑貓，青支，其基本球員，數來數去不出四十個人：

南華	李焯民	潘克廉	吳宣昭	詹涉江	李瑞熊	陳成吉	盧秉祥	李鏡澄
中青	張樹棠	盧振暄	陳華滋	戴振華	高家和	陸德彰	李景然	陳華枝
公民	陳汝正	孫　凌	黃豪光	孫寶安	陳耀武	陳耀寧	梁國拒	麥國雄
黑貓	蔡沃華	李沛穎	吳慶春	黃興華	黃素讓	黃素恭	葉勳豪	張善祥

香港的籃球水準較上海為低，有人這樣批評，如果合四隊球員，祇能組成一隊上海的甲組球隊。這話雖是實情，但也不容否認：因為近年來受菲律賓廣州兩地及其他遠征隊的刺激，個人技術和合作工夫，正在普遍地進步。

其他　此外，香港的打乒乓風氣頗盛，乒乓水準，在全國可推第一，其執板方法，一如執網球拍，與國內通行的「持筆式」不同。乒乓盛行於學校教會，並無公開的球場，每逢比賽，參加的總有幾十隊。乒乓好手：男有蕭紹裘，鄭國榮，周振球，羅樹祥，朱繼枝，李俊亨，黃就，鍾展成，姜永寧，黃瑞生，梁永昌，李萍等；女子有楊渭濱（即網球國手葉觀雄夫人）。莫煥瓊、潘影虹、戚桂芳、趙秀蓮等。實力較強的乒乓隊有愛聯、油蔴地學校校友、傑志、永安、同義等。

網球方面，因流於貴族化，比較少人注意，全運冠軍葉觀雄以外，有名的好手是徐煒培，徐潤培兩兄弟。女子網球，則楊渭濱是女子全運單打冠軍。最出名的網球會是中華遊樂會（球場在銅鑼灣）。

至於溜冰，在前兩年曾盛行一時，現已稍形冷落。溜冰場與游泳池舞廳，常聯設在一起，但單獨的也有。

打彈子也有一部分人樂此不疲，現將公開的溜冰場彈子房列下：

中央溜冰場	洛克道二九號	電話二二七四四
域多利溜冰場	洛克道五號	二二〇九六
東區溜冰場	銅鑼灣電車站	
西區溜冰場	石塘咀	
九龍溜冰場	旺角彌敦道六六三號	
中英美溜冰場	油蔴地彌敦道	
勝利溜冰場	油蔴地彌敦道	
天樂溜冰場	加路連山	
大東公衆桌球場	華人行八樓	二三一三七
中央桌球室	娛樂行四樓	
南華體育會桌球室	華人行八樓	二四六九六
業餘桌球室	娛樂行七樓	

至於曲棍球、拳鬥、帆船等，都是外國人的運動節目，我國人連看的也不多。田徑賽祇有在中小學開運動會時偶然看到，成績不佳。

三 影劇廣播

電影 電影是香港居民最大的娛樂，每逢假日，總是場場客滿。電影院的設置，全港有廿餘家，並且有增加的趨勢，一方面因爲電影院的價格分成幾等，能適合上中下三等人的經濟能力，另方面也是因爲港府在規劃市區建設時，必預留出若干地段，限定須建築戲院劇場的緣故。

在香港放映的電影，以美國片居多，國產品（分粤語國語兩種）次之，英國片及蘇聯片最少。香港政府爲節省外滙，推廣本國出品，故限定首輪戲院，每演若干片中，必須映固定比例的英國片，因爲英國片文藝氣息太重，比較沉悶，不像美片那樣的以大腿打鬥來吸引觀衆，曲高和寡，放映戲院大多無利可圖。蘇聯片則因時勢推移，有智識的青年觀衆，講究內容和意識，所以有逐漸普遍的趨勢，一張片子，往往賣座幾十天而不衰，於此可見深得香港青年人的愛好。

香港的西片首輪戲院，有下列數家。

娛樂戲院 大道中三六號 電話二五三三〇

皇后戲院	大道中三一號	三一四五三
利舞台	波斯富街八二號	二〇六九二
樂聲戲院	銅鑼灣電車站	二八六二六
平安戲院	彌敦道二二〇五號	五六八五六
快樂戲院	佐頓道	五〇三三三
百老滙戲院	彌敦道亞皆老街口	五六一一一

開映時間，普通有二點半、五點一刻、七點二十分、九點半共四場。票價各戲院微有不同，大概特等（樓上）是三元半，後座二元四，前座一元半。

電話可以訂座，但祇保留到開演前半小時。

西片次輪（或國語片首輪）電影院，有下列幾家：

		電話
中華戲院	灣仔大佛蘭杜街	二一五五〇
國泰戲院	灣仔道	二六五五八
東方戲院	灣仔勳寧道	三〇〇一五
中央戲院	大道中二七〇號	二五七二〇
大華戲院	九龍彌敦道三〇六號	五七七二二
景星戲院	九龍漢口道北京道口	五八三三五
勝利戲院	九龍彌敦道六二五號	五〇一〇〇

東樂戲院　　九龍水渠道彌敦道口　　五八五三六

以上各戲院，除中央勝利東樂的放映時間略異外（東樂無五點一場），都與首輪戲院相同。座價比較便宜，大致樓上兩元，後座一元二，前座七毫。其中國泰勝利兩家，時常演蘇聯電影（平安有時也映），中華戲院主要的是演國語片，國泰有時也做，中央則演國語片的時候頗多。

常映粵語片的，有下列幾家：灣仔馬師道洛克道口的國民戲院（電話二〇二一六），德輔道中的新世界戲院（二一三三七），大道西四二一號的太平戲院（三二七六四），九龍亞皆老街的新華戲院（五六八九五）。北河街的北河戲院（五七九七八），大道東一八七號的香港戲院（二三六九四），公衆四方街的光明戲院（五八三一八），旺角新填地街的旺角戲院，荔枝角道的好世界戲院（五八七四七），西營盤水街的西園戲院（三三〇八三），西灣河十字徑的長樂戲院，西大街的筲箕灣戲院，九龍城的國際戲院，甘肅街的廣智戲院等。座價與開演時間，頗不一致。因為廣東人晚飯的時間在下午五六點之間，所以有不演五時一場的，又如新華戲院沒有五點和九點場，而有八點半，十點兩場。

價格則有些幾與首輪戲院相仿（如國民與新世界），有些極大衆化。最便宜的價格（如長樂），前座二毫、中座四毫、後座七毫，樓上一元。這個價格，連工人階級也負担得起了。

不過以過去的粵語片而言，製作時好似祇求迎合落後的小市民的口味，毫無教育意味在內，因此趣味低級，不是神怪機關，便以出浴爲號召。外省人一則爲了對白不易懂，二則有了不好印象，去看的人不多。這情形當然不能一概而論，但好的有意義的片子，究屬是鳳毛麟角啊。

還有一種片子，是國內看不到的，便是印度片。放映的戲院是景星，時間大都是星期日上午，是專門爲印籍居民（主要的是軍警）開演的。但放映次數不多，也不登廣告，中國人偶而看一次，固然新奇有趣，但對白不懂，口味尤異，第二次就沒有胃口了。

戲劇　香港的居民，以粵人爲多，「上流」的粵人大都歐化，喜歡看西洋電影，守舊的人，則仍喜歡作顧曲的周郎。粵曲的字句哀豔，樂器則中西參雜，以門外漢的外江佬看來，總覺其聲調簡單而流於頹唐，內容封建的意識太重。如「鍾無豔」，「哪吒大鬧東海」，「孫悟空大戰馬騮精」，「妲己戲邑考」，「甘地會西施」等，則更荒誕不經，豈有此理。但本地人對之津津有味。無論如何，對於久受壓迫的落後小市民，粵劇確有其痲醉與瘋迷底力量。專演粵劇者，有下面兩戲院，座價頗昂。

普慶戲院	九龍彌敦道	電話五七二七六
高陞戲園	大道西一一七號	二七一三九

至於平劇的演出，是七七事變以後的事，連年國內多故，北方人尤其是江浙人僑居香港的很多，因此平劇也有一部份觀衆，但數量究屬不多，不能作經常的演出，此外還

有一個原因，便是票價太貴，十元二十元的票價，一點也不希奇，使平劇在國外流爲有錢人的娛樂，這是很可惜的。

話劇社大都是業餘的，因爲租場子的費用很貴，不常有演出，卽使有，票子亦是配給式地推銷的，所演劇本都不錯。

廣播 香港的無線電廣播電台，只有兩家，都是政府辦的（也只准許政府辦）。一是香港中文電台，一是香港西文電台。中文電台廣播的時間，平日分兩節，，第一節自中午十二時半起，到下午二時止。第二節自下午六時起，到晚上十一時廿餘分止。西文電台播音時間平日與中文電台相同，在假日和星期日，第一節自上午十時起，到下午二時止，第二節照常。時間比較多些。

除此以外的時間，市民們祇有聽專門用惡劣腔調作廣告的廣州方面播音了。祇有裝有短波的，才逃了「孖圈孖圈，孖圈抵食」的煩惱。

兩個廣播電台都設在告羅士打行樓上。

中文電台（週率六五〇KC）的節目，可以從每天的華文報上看到。大致是：天氣報告、國語及潮州語新聞報告、時代曲、京曲、兒童故事，音樂講座，轉播倫敦粵語新聞，粵曲唱片等。每天九時左右，總有特別節目，星期一到四是所謂中樂，（卽粵曲），由各音樂社担任，星期五往往轉播粵劇院的戲劇，星期六則爲京劇，星期天是播音劇。其中以播音劇最受歡迎，由各劇社担任，配音極好，雖用粵語，外省人聽的也很多。

粵劇轉播節目，因劇院恐受營業影響，到這一天就不演新戲，都以舊戲充數，故聽的人不像聽播音劇那樣多。

西文電台（週率八五〇KC）的節目，在每星期六的士蔑西報 The Hong Kong Telegraph 上可以看到，到這一天，該報公佈下週全週的節目，非常詳細，同時並刊有一下週的英國廣播公司B.B.C.的海外短波節目。虎報則刊載當天的節目。

西文電台節目以整套的古典音樂最精采，此外有時事分析及評論等，這是中文電台所沒有的，其他與中文電台相仿。

在香港購收音機後，必須向郵政總局樓上的無線電執照處登記，登記費每年二十元，自登記之日計起，手續十分簡單，並不須持收音機去。不登記的，或過期不續繳登記費的，要處五百元左右罰金。

另有一種播音，是有線電的，在遠東還算創舉，辦理的公司是「麗的呼聲」，地址在軒尼詩道大道東交界處。九龍辦事處在亞皆老街太子道口。廣播的節目也有中文與西文兩種。收費是：第一次裝置時付廿五元，以後月付十元，十元以中，有一元是收音機牌照費，如果家中有無線電收音機，並已領過牌照的，祇要九元。

「麗的呼聲」節目，在有些華文報上日有刊佈，但不普遍。有線電廣播有優點也有缺點，優點是一、不受天時影響，無嘈雜聲音；二、電由公司供給，全日開放，一樣收費；三、損壞時由公司修理，不另收費。缺點則只有兩種廣播，非此卽彼，較少選擇的自由，說笑的朋友說他是「配給的」。

歌壇　由於收音機的普遍購用，歌壇已不像從前那樣興盛了。歌女們所唱的是粵曲，大都附設在茶樓裏。香港方面有歌壇之設的是「蓮香」與「高陞」兩茶樓，九龍也有兩三家，但角兒已是二三流的了。

四　跳舞

香港是接受歐風東漸的第一個門戶，因之跳舞非常普遍。所謂上流社會仕女，大都到幾家大酒店去跳舞，都自攜舞伴，還不失爲社交方法之一種。但大多數人還是到跳舞場去。

舞廳　跳舞場也有頭二等之分，頭等的有中環皇帝行頂樓的「百樂門」，皇后道中華百貨公司頂樓的中華舞廳，大道西四八四號的「凱旋」，和其附近的「仙樂」，灣仔洛克道的「巴喇沙」。二等的有灣仔英京酒家樓上的「英京」，灣仔海傍告羅士打道馬師道口的「夢鄉」，九龍尖沙嘴彌敦道的「金殿」，德輔道中一四四號的「麗都」，德輔道中廿二號四樓的大華等。這一類跳舞場，都有舞女供給。

比較「高尙」而沒有舞女供給的舞廳，有香港大酒店，半島酒店，麗池花園，京都酒店，大華飯店等。其中有幾個，表面上沒有舞女，暗中還可「介紹」。有些「香檳女郎」以舞客的姿態出現，只消問一下僕歐，便可設法辦到。不過到大酒店去的，要注意一下衣飾，如果服裝不整齊，有打回票的可能，不像次等舞場那樣，穿短褲與夏威夷衫，一樣也可以「蓬折」。

香港的舞場雖多，營業則不甚「景氣」，主要的原因是從一九四八年起，商場也鬧不景氣，這情形與解放前的上海一樣。那時的上海，股票漲得愈快，舞場營業愈佳；香港則出入口的生意愈旺，舞場生意也跟着興旺。舞場與暴利，兩者間有密切關係，因為「每小時」十一元的坐檯子，一夜下來，加上茶費雜支，非百元以上不可。這個數目已等於香港小職員的一月薪金，所以去跳舞的，多數不是薪水生活者。

舞女有滬幫與廣幫兩種，人數相仿，所謂滬幫，上海人也不見得多，還是蘇北人居優勢。滬幫舞女較多應酬的工夫，所以在營業上時常壓倒廣幫。她們的住所，大都在跑馬地的山村道和七姊妹的英皇道一帶。

舞女雖是寄生階層，但寄生於舞女的人仍很多。像上海一樣，舞女大班有極大的勢力。成衣匠也依靠着他們做很多生意。

跳舞學校　正因為跳舞的代價太貴，跳舞學校乘機而興。繳了學費，名為學習，實則跳舞，所謂助教，不過是舞女的變相，但代價甚低。

這類跳舞學校很多，較著名的有百樂門，昇平，雲裳，金池，米奇，南國等家。

舞場是資本主義社會的產物，在紙醉金迷，燈紅酒綠的歡場背後，多少女性於飽受踩躪之餘，背着人在低泣。

五　其他

賽馬　賽馬是英國人的傳統娛樂，到香港來的歷史已有百年了。這種遊牧時代傳下來的競技，在今日已成為十足的賭博行為，香港政府靠了它，每年收入兩百萬元巨款。在港府賦稅收入中，佔着重要位置。

賽馬的地方在跑馬地。小賽馬差不多一月有兩次，香檳賽每年兩次（春季・秋季），入場者在規則上以馬會會員及其親友為限，會員憑會員證入場，親友則出三元門劵。實際上，無論什麼人，祇要去得早，都有辦法可以購到。

賭博分獨贏、位置兩種，每場比賽相距約半小時，每場的博注在五十萬至一百萬間。此外有搖彩票出售，擇其中一場，搖了彩再跑，分額數六，中亦不易。遇到大香檳賽，買的人遍及外埠，售票數超過兩百萬張（每張二元），頭獎的分額達九十多萬，中的人儼然成為新富翁。

馬分多級，甲級的最好。騎師分兩等，正式騎師叫黑牌騎師，見習騎師叫紅牌騎師熱門馬有空中霸王必得快樂皇后等；熱門騎師有黑先生，保亨，陶柏林，次之是阿圖茂，祁葛利，謝文玖，郭子猷，招繁基等。其中黑先生不常出賽，賽則不是第一，便有位置，落空的次數不多。見習騎師以谷其最熱。

中西各報（除了進步報紙）都重視賽馬，常爲之特出專頁，賽前作預測，賽後作報告，大香檳賽的一天，要出一兩次號外。機關洋行在這一天總是放假。賽馬，在香港算一件大事。

私寨　香港的賣淫業是不公開的，表面上捉得很緊。禁者自禁，賣者自賣。在資本主義社會中什麼都成爲商品的情形下，賣淫制度是不可能消滅的。

賣淫業分上中下三等。中等之中，又可分爲兩級。

上等的在香港跑馬地、半山，九龍的太子道一帶，外表上是豪貴的住宅，屋內佈置，富麗堂皇，鋼琴冰箱沙發，應有儘有。這種祕窟當然不公開，非有人介紹不可，狎客前往，清茶一杯瓜子一碟的代價，最低是五十元。纏頭之資，沒有定額。

中等上級的在石塘嘴，其中也有舞孃暗中兼營的，一夜風流，代價在五百元以上。中等下級，在灣仔告羅士打道和中環歌賦街荷里活道一帶，也須有人指引，度夜代價在五十元左右，片刻之歡，約需二三十元。

下等的在灣仔修頓球場和九龍上海街一帶，即所謂流鶯，她們時常成爲警察「掃蕩」的對象，捉了去便犯「阻街罪」。所以港人稱流鶯爲「阻街女郎」。阻街的意義是妨礙交通，但警方則以此罪控流鶯。犯此罪的，首幾次罰款，累犯則判「出境」。她們在法庭上十九自稱「寡婦」，以冀博得法官的同情。一樣淪落在人肉市場中，她們所受的苦痛最多，上等的絕不會破獲，中等的則週期性的被控，只有流鶯們在抛眼風勾引路人之際，還要兢兢於「差人」的圍捕。

受這些苦痛的代價，一夜是二三十元，「關門」一次，甚至有低至十元五元的，當然她們在其中只實得一小部分。

她們的「私窦」常是屋頂上的木屋，因為開私窦的，房屋的租賃權要判取消，祇有木屋，可以拆了再搭。

其他　香港是個講法律的地方，我不能對以下所講的加什麼按語，明眼的讀者自然會知道指些什麼。

石塘嘴方面有很多按摩院。

灣仔則是沐浴的良好處所。男人的浴室之中，常聽到女人的聲音，洗一次浴的最低代價要十五元。

在一九四九年八月初，有四家浴室以不領按摩牌照被警察控訴。這四家是：莊士頓道十號二樓老華僑浴室，軒尼詩道卅二號二樓龍泉浴室，軒尼詩道三〇九號三樓中央浴室，洛克道二五一號地下華清浴室。

浴室時常被控，結果是一次又一次的罰款，但從來沒有聽到封閉過。

我不願意寫這一章。對於香港的陌生客人，這是有不良印象的，但作為一個社會學者去研究香港，就不能無視於這兩百萬人口大都市中隱蔽的一面！　（本章完）

居家篇

昔人說：「長安居，大不易」。居住香港，也不大容易。衣食住行四者之中，「衣」與「行」還算便宜，「食」比較貴些，可是還容易解決，最困難的，還是住的問題。

一　衣食住

衣着　香港是個自由港，除了烟酒化裝品外，外貨輸入，全部免稅，因此衣料特別便宜，凡到香港來旅行的，少不得做幾套衣服回去。

香港地處亞熱帶，一年之中，以正二三月最冷，平均溫度正月是六十度左右，二月是五十九度，三月是六十三度。歷年最冷的紀錄，雖也有過三十二度，但少之又少。近年來最冷的日子，是四十多度，一年之中沒有兩三天是這樣的，所以嚴冬衣服，可有可無，一些闊人的太太小姐，到了冬天，雖也穿着皮大衣，究其實際，不過是一時風尚，與氣候沒有什麼關係。大概男子穿西服的，一年祇有兩星期可穿大衣（粤稱大褸），穿中服的，則偶然穿幾次絲棉袍。照普通情形來講，女子則絨線外套（粤稱「冷衫」）或呢短大衣，男子則厚絨西裝，是冬季最普通的裝束。

過了三月，氣候漸漸的暖了，四月間的平均溫度是七十度，五月間升至七十七度。在此期間，男子的服裝以淡色的薄絨西服較爲通行，女子則穿夾旗袍或呢絨旗袍，在晚間出外，偶然穿着沙士堅一類的薄短大衣。

到了五月底，在衣着上便進入夏季，六七八九月的氣溫普通是八十度，最高時在九十以上，香港時常有颶風，在颶風將到或在附近經過的幾天中，特別悶熱，室內溫度有高到九十七度的。所以在這四個月中，要面子的高等華人，才穿得上淡色的西裝（如沙士基、碧士基，力康架等竹蔴纖維的織品），喜歡自由些的，便穿夏威夷衫。

說也有趣，在日本人未佔香港以前，香港人對衣着十分講究，任你天氣怎樣熱，總要西裝筆挺，甚至領帶也不肯解下。辦公室中穿夏威夷衫或短褲，被認爲是失禮的事，祇有到郊外旅行或游泳時才用。經過了幾年的淪陷，外國人吃足了苦頭，加以戰後的生活，一天天艱難，在英國本國，換新衣也十分困難，於是香港的西人，也隨俗起來了，一些高等華人唯西人之馬首是瞻，看到西人也有不在假日穿夏威夷衫的，於是模倣起來。上海之有夏威夷衫，是香港傳來的，所以稱它爲「香港衫」，香港人則因爲這種服裝，是夏威夷方面傳來的，所以稱它爲「夏威夷衫」。戰後因爲政治不良，江浙人（粵人都稱之爲上海人）逃到香港來找尋出路的人很多，江浙人對衣着一向隨便，又認爲在香港穿「香港衫」，再適宜不過，穿的人很多，辦公穿，上館子穿，看戲穿，跳舞也穿，使一般久苦於西裝束縛而無膽穿着、或是穿不起西服的人，大感興奮，於是穿夏威夷衫之風大盛，一年有八個月（四月至十一月），滿街都是夏威夷衫。夏威夷衫是香港人教上海人穿的，不道上海人到香港來把它發揚光大，使之成爲眞正的香港標準服裝，這是誰都沒有預料到的。

在戰前，夏威夷衫大都配上短褲和長統襪，但有些人認爲短褲終是猥褻，而且中國人的腿部較細，穿了顯得不甚康健，因此改以長褲去配夏威夷衫，今日一色的整套夏威夷裝，便是這樣演變出來的。

不過在自命爲高貴的階層中，夏威夷裝還沒有吃香。英國人的保守是全世界有名的，所謂「上流人」，尤其堅守着他們「紳士」的裝束，因此英國人所開的香港大酒店，告羅士打酒店，半島酒店的餐廳，至今還不准夏威夷裝入內，有些外省人不明白當地情形，穿了夏威夷衫赴宴，常因被擋駕而致爽約。這是在大酒店中常有應酬的人應時時記住的。

其實，這些酒店還禁止不帶領帶的人入內飲宴，偶然有忘了這項禁例的，侍者便會送上一根領帶，受之者莫不奇窘。

十一月間，天氣逐漸涼爽，「換季」的人漸多，西服店櫥窗中又擺滿了時新的呢絨。

作爲一個香港人，祇需要兩種衣服，一種是夏季的，一種是秋季的，北方人所謂「四季衣裳」，在這裏並不需要。

中裝（粵稱「唐裝」）在香港不甚通行，一般舊商人——尤其是從廣東來的，還守着他們的祖宗衣裳。不過同江浙通行的中裝有些差別。江浙人上街，總喜歡穿件長衫，廣東人則喜歡穿短衫褲，其所穿短衫，比江浙人穿的要長些。只要稍微注意，就能辨別出那些「唐裝紳士」，誰是廣東人，誰是外省佬。（另一點分別是香港本地人對梳頭髮與擦皮鞋比較注意。）

還有一點分別，就是香港人不戴帽子。不戴帽，是天氣的影響，一方面冬季不冷，另方面則人行道大都設在「騎樓」下，根本頭上很少晒到陽光。外省人一到香港，無論呢帽草帽，一概束之高閣。像上海那樣以為不戴帽子，沒有派頭的情形，在香港用不到顧慮。在香港只有三種情形下戴帽子，一是雨天戴雨帽，二是外國女士當頭上的裝飾品；三是苦力負販之類，因為在烈日下行走，戴硬質的軟木帽。

以鞋講，香港人穿皮鞋的居多，難得見到一位穿中國式鞋的唐裝紳士，這種鞋也必是皮革做的，形式上與內地的布鞋也有不同。上海出名的鶴鳴鞋帽商店，在香港德輔道中也有一家分店，但相信他們百分之九十九的生意，還是洋式皮鞋吧。

皮貨。帽子。布鞋，這是香港最不吃香的三種貨物。

下面要講的，是買衣料，做衣服的「行情」。

男子西裝店，最上等的在德輔道皇后道一帶，衣料襯頭特別講究，手工也老實道地，很少有偷工減料的。大凡這些店，來料裁製（祇貼襯頭鈕扣），也要一百元以上。第二等的西裝店，在灣仔莊士頓道一帶，手工在一百元以下，再稍微次一些的，在九龍的彌敦道或香港的士丹利街、威靈頓街上，這些店舖的出品，價格較廉，普通呢絨西裝，不過百元出頭些，夏季的則在百元以內，做工不過五十元一套。講究實惠的人，大都是二三等西裝店的顧客。

不要認爲較便宜的店舖，做不出好西裝。因爲定做的，究屬伏貼，而且上海的西裝裁縫，到香港來的得多，他們的手工，比香港原有的好得多（香港裁縫做得大方，上海裁縫做得精巧），衣料的好壞（好衣料每身二百元以上），一眼看去是分辨不出的，手工好壞，則一望便知，因此有人特意找有上海裁縫的西服店去做。

如果在香港逗留的時間太少，不能等待，或是經濟上不甚裕寬的，則大都購現成西裝。較貴的，可以到幾間大百貨公司去買，貪便宜的人，則到利源東街之類的橫街上去買，這些街上有店舖，也有攤頭，價錢的便宜，有時出人意料，冬季西服只要七十元左右，夏季的在五十元以下。夏威夷衫，襯衫，汗衫，襪子，色色俱有，都比店舖便宜。不過要注意兩點；（一）香港買物，十家之中有九家可以還價打折扣，（熟行的人在百貨公司也可以打折扣）利源東街這一類地方，普通還價時總要打對折，慢慢的講，講了走，走了回頭，大約可以在六七折之間成交。不懂還價，還是到大店去買。（二）尺碼不準的很多，必須要仔細選擇，如果是西裝，原店可以修改，如果是襯衫（粵呼「恤衫」）不要單看衣領吋數，除了用尺量一下外，還要驗一下衣袖是否過短，腰身是否太窄。這些攤子都是出門不換的，沒有選擇目光，反而弄巧成拙。

如果再想儉省一些，大道西一百多號至兩百號間，有許多故衣店。

以婦女的衣料言，皇后道德輔道上的店舖，質料好，花樣多，呢絨綢緞，式式齊備。九龍彌敦道近北京道處，有幾家印度店，出賣較廉的人造絲織品，備貨充足，可供選擇。

如欲買花洋布沙士堅白竹布一類疋頭，可以到中環街市之西，德輔道與皇后道中間的兩條橫街上去買，那些街俗呼為買布街，沒有一家店不是布店。還價的情形與利源東街一樣，顧客第一要有目光，第二要懂行情，不過虛頭沒有利源東街的大。大約起碼的女旗袍料每件價五六元。

女子大衣西裝店，在娛樂戲院旁邊和背後的德忌笠街很多，其中「茂機」的生意很好，九龍彌敦道也有許多時裝店，價錢比較便宜。

在上海到處可以看到「蘇廣成衣舖」的招牌，香港的成衣舖，則得多以蘇杭為號召。地點集中在香港的跑馬地和九龍的上海街，做工單旗袍一件約十元，也有低到六元的（拉練在內），做夾的比較貴些。

洗濯衣服的店有兩種，一種是所謂機器洗衣，可隨合若干磅重（約等於五條被單）一齊洗，價格十分便宜。一種是普通的洗染店，根據我的經驗，以灣仔莊士頓道修頓球場對面的某店最便宜。

普通洗染店，洗一件西裝襯衫取價五毫，一身西服在三元半至四元間。

飲食 俗語說：「食在廣州」，我的見解則與此不同，廣東的調味方法，雖有獨到之處，以味道講，並不一定能壓倒其他各地。倒是廣東人的愛吃，可推全國第一，因此便造成飲食業的畸形發達。香港的情形，也不例外。

現在分西菜、中菜、飲茶、咖啡室四種，略述香港飲食業的情形。

（一）西菜館中，以派頭講，則告羅士打酒店、香港大酒店、半島酒店，淺水灣酒店，最富麗堂皇，價格亦並不特別貴。要講到實惠，有德輔道交易行下面的威士文餐室（意譯是聰明人），作料精緻，味亦不惡；皇后戲院旁橫街上的占美餐室（華人行下），純是美國作風，香醇味厚；香港酒店對面巷內的Victor，環境幽雅，富於中古歐洲情調，調味則純然是外國人的口味，可算得道地的「西」菜。俄國式大餐，以灣仔東方戲院側的「小的餐室」和九龍漢口道的露西亞較好。要快，則香港德輔道和九龍彌敦道的牛奶公司及其分店，可算隨叫隨到，不過招待差些。此外，高級餐室，有皇后道中的公主餐室與新巴厘餐室，都爸利街的大滬餐室，氣派都很大方。

若講中級餐室：想嘗新鮮，灣仔勳寧道的太平館，以葡國雞及乳鴿出名，灣仔近鵝頸處（軒鯉詩道四四三）有家茗園，以南洋架厘出名，所製沙爹，辣得要命。這兩間規模不大，可是中下階級，頗爲愛好。其他中等的餐室，如皇后道太平行下的加拿大（咖啡好），灣仔道的眞樂，太子道的南洋，九龍城的南僑，都有可取之處。

（二）中菜　有人說，歐美人吃香味，日本人吃顏色，中國人吃味道，這話眞正不錯。但中菜兩字，包括的範圍很廣，現在分粵菜與外地菜兩種，分別介紹：

粵菜館中規模較大（一廳之中可以坐幾十桌），地位寬敞，氣派豪華宜於大讌會的，中環有大同，仁人，金城、建國，中國、大金龍、銀龍、豪華等；石塘咀有金陵，廣州兩家，灣仔有英京悅興（悅興老板，原是個業餘家，後以製鹵味鮮美發達）兩家，凡是社團宴會，做壽滿月的人，大都在這種大酒家中舉行，肴餚可口，女招待也比較美麗，合於有錢人的口味，可是價亦不菲，一席菜要二百元，加上茶酒小賬，總要三百出頭。香港還有一種風氣，有女招待的菜館，須付額外小賬，主人要付，客人也要慷慨解囊（指女招待伏侍得好的），客人付小賬，多則十元，小則兩元，在取衣服時輕輕塞在女侍手裏，這種習慣，是外省所沒有的。另外又有一種外省不常見的情形，就是在酒家中打牌，所以有些酒家，以牌局菜號召，好似以打牌為主，吃飯不過是牌後餘興。至於中級的酒家，舉不勝舉。不再贅述。可以一提的，是跑馬地的山光飯店，及以女招待伏侍出名的江蘇酒家（大道中二九二號）。

外地菜的種類很多：平津菜有干諾道中一三五號的海景樓，價格公道，九龍彌敦道七五〇號的厚德福（香港厚德福，附設在豪華酒店四樓），彌敦道三一七號的重慶。川菜則有華人行的大華，銅鑼灣國泰酒店內的國泰（有冷氣），娛樂行中的福祿壽，九龍漢口道二號的九龍大飯店等，此外六國飯店與英京酒家也設有川菜部。福建菜則以聚春園的味道最好，香港方面，在中環租庇利街三號，九龍方面，在彌敦道三五一號。雲南菜則推威靈頓街四十二號的金碧園。上海菜館也很多，大都在石塘咀，有四時新、快樂園、老正興三家，地位雖然湫溢，但因為靠近幾家舞廳，晚間常有帶着滬籍舞女的闊客光顧，此外灣仔吧喇沙舞廳下，也設有上海飯店，除上海菜外，揚州點心做得很好。喜說笑的人說上海菜館寄托在舞女身上，未始沒有道理。此外還有九龍彌敦道太子道口的綠楊邨，彌敦道普慶戲院對面的富春樓，九龍白加士街的五芳齋和九龍城的一品香等。

還有一種菜，不見得合外省人口味，但異常別緻，那便是潮州菜。即以吃茶一點而講，裝茶用比酒杯還小的茶杯，在吃幾道菜後，便托出一盆茶來，據說是福建的鐵觀音，吃法好似日本的「茶道」。潮州菜館，有跑馬地成和道五十一號的合記，和德輔道西的天發。

（三）飲茶，飲茶是廣東人特有的習慣，與其說是飲茶，不如說吃點心。爲了特別，所以記得詳細一點。

飲茶之風盛行廣東，一來是廣東人喜歡小吃，二來因爲人口稠密，居屋大多湫溢，，朋友相聚，講生意，探行情，都要到茶店中去。有人對其稱呼作考據，說賣早茶（凌晨五時起至九時）的叫茶樓，賣午茶（中午十二時至下午三時）的叫茶居，賣晚茶（下午七時至午夜止）的叫茶室。實則香港的茶店，大都一天開到晚，沒有嚴格的分別，一般人統稱之曰「茶樓」。不過要吃好的點心，還是要按着時間去，最好是午市與晚市，東西特別多。

茶樓中大都設卡位，在人擠的時候，如果某一卡位坐的人少，便會有人擠上來。又有散座，光顧的大都是廣東人。顧客一到，就有伙計問什麼飲茶，茶的分別有龍井，水仙，菊花，六安，壽眉，荔枝等幾種，任客選擇。樓中僱有不少伙計，每人一盤，托着種種點心叫賣，點心價目五六毫起至一元多不等，用不到點菜，看見捧來，擇喜食的，可命放下。結賬的時候，伙計數着碟子（碟子不同，代表各種價格）便知吃了多少。如果自已上櫃付賬，不必給小賬，叫夥計付，略給一點。

飲茶之風，不但盛行於中上階層，勞苦羣衆，儘管生活清苦，茶則不可不飲。講究經濟的人，作風是一盅兩件，即一杯茶與兩碟點心。點心甜鹹咸有，粗細齊備，都很可口。早茶飲者，以工人、妓女較多，但有人爲了看「老舉」——妓女的別名——特地起早在四點鐘上茶樓。

香港著名茶樓，有永吉街六號的陸羽，大道中九十八號的高陞，大道中一四五號的龍泉，大道中一三六號的蓮香。各大酒家，也都設有茶市，點心精美清潔，不過要飲茶者自行照單點叫，在情調上已失掉了廣東人飲茶的眞味。

（四）咖啡冷飲。飲茶是廣人的作風，講究學洋派的，便在下午四五時間，飲「下午茶」。飲下午茶的風氣是英國傳來的，最熱鬧的地方是香港大酒店樓下，告羅士打，威士文餐室等處，九龍半島酒店，就比較清靜。大都有音樂伴奏，衣香鬢影，一片的異國情調。

比較歐化的人，大都有飲咖啡的習慣，其中以濃烈著者，有必打街皇后道口的美利權（鷺鳥），皇后道上的加拿大，與太子道的南洋。不習慣的人，往往飲了會失眠。

香港氣候炎熱，所以飲冰室特別普遍，甚至街頭也有擺買。其中比較好的，有牛奶公司的冷飲部（香港德輔道中，九龍尖沙咀天星碼頭對面，百老匯大戲院旁都有），安樂園（總店德輔道中，分店中央戲院旁及九龍彌敦道）等。

以上所述，大都是上中階層的飲宴所，對於勞苦大衆和低薪水生活者，就只有惠顧街邊的食攤，或是經過香港政府批准設立的經濟飯店了。經濟飯店各處都有，食攤麕集的地點，如中環街市以南山坡上的幾條街，鴨巴甸街，灣仔的春園街一帶，上環街市附近，九龍城的衙前圍道等，不勝枚舉，香港人稱這種街叫「為食街」。這種食攤當然講不到清潔，但幾毫子便可以果腹。每當晚上，電炬眩目，許多穿短衣的人，雙脚蹬在條凳上，或在條櫈上加個小兀櫈，樣子非常刺目，這是他省看不到的風光。

（五）街市士多辦館　至於日常菜肴，都是到街市、士多、或辦館中去買的。「街市」就是上海「小菜場」，各區都有，以中環的規模最大，全部鋼骨水泥，造價二百餘萬，上下四層，有巨型的電梯供運輸菜蔬之用。以種類及質料言，中環街市最多最好，但價錢也最貴，所以有些中環住戶寧願坐了電車到灣仔去買。次之，跑馬地街市東西也很多，因為該區的住戶，購買力比較强些。

士多是Store的音譯，是外國人買菜的主要來源，出售的牛肉猪肉，都是澳洲運來的冷藏貨。年來香港肉類價格飛漲，但這些士多，因為受政府限價的牽製，漲得不多，比較起來，比街市上買便宜得多，所以中國人去買的也很多。士多中也售罐頭蔬菜和雞蛋，又有他處買不到的牛油，不過牛油主要是供給外國人食用的，中國人祇能按着時間排班去輪買，非常不便。「辦館」是罐頭食品公司。但也有菜出售。

出名的「士多」並不多，香港方面最大的是牛奶公司和連卡拉佛，都在德輔道雪廠街附近，規模較小的有亞洲公司（德輔道中國街口）北角肉食商店（英皇道）。九龍方面，有彌敦道（海防道麼地道之間）上的牛奶公司分店、連卡拉佛分店和九龍辦館，太子道（近彌敦道）上的連卡拉佛分店和牛奶公司分店，大埔道的牛奶公司分店。

江浙的小菜，如雪裏紅、豆瓣、火腿、海蜇、家鄉肉等，在中環街市之西的横路上有許多紹興店（如同順興、悅來、同興）有得出售。九龍城和尖沙咀兩區也很多。

住屋　在香港找房屋的困難，與上海彷彿，非頂費不可。頂費的數目，比上海略低，自最底的二千元左右一層到兩三萬一層，最高的價格據說是七萬元一幢。頂讓房屋在香港是違法的，儘管違法，還是屋少人多，非出頂費，找不到房屋。屋租很貴，尤其是新建築的。每層從最少的一百多元，高到六百元的也有，都是先付後住。

香港報上出頂房屋的廣告很少，有些敢公然登報的，也是用了比較隱藏的方法，如預付房租一年之類，因為租費很大，等於出頂費，所以有的甯願一次付出頂費。

要找房屋，除了託朋友外，祇有逐街逐巷地找，凡看到新建的房屋，可以問一下守屋的工人，到那裏去接洽，有時街上也貼着紅色招租，但這情形並不普遍，再不然，就請教專門做房屋租賃生意的小店，香港有很多「經紀」做這類生意。

頂屋時要注意的地方，是：如果出頂者是屋主，應當交租金取得「租單」（上海人所謂房票），這種情形以新屋較多，頂費美其名曰建築費。比較差的房屋，頂費與屋租大約成十與一之比。較好的西式房子，頂費的倍數還要高些。如果出頂者不是屋主，要注意他是否能過戶，卽是否能在「租單」上「轉名」。因爲根據法律，如住屋者非原租屋者，業主有權着令遷移，香港慣例沒有租屋契約或合同，全靠一張租單作憑據。此外，並須注意他是否把餘房分租給他人，因爲分租出的房間，極難收回。

根據法律，如有人以房屋出頂，租屋者可以報告警局，追回所出的頂費。但實際上祇有葡萄牙人這樣做，中國人認爲這是當然的情形，而且怕麻煩，追回頂費的事很少聽到。

租單「轉名」使費，香港較上海爲高，有些業主，還要乘機收回，這一點不得不防。有些聰明的上海人在頂屋時預留後步，卽租單上不寫人名，另外揑造一個商店或公司名字，到將來出頂時，便把圖章移交給受頂者，祇要在搬家時不驚動業主，很少出毛病，少化轉名的費用事小，少費一番口舌（香港業主不像上海業主那樣歡迎過戶，從中取過戶費），實有必要。

如果想減輕負担，將餘屋分租給他人，香港法律有如下規定：（一）須將業主的租單，貼於屋內當眼（卽容易看到）的地方。又二房東應給三房客收條，否則要處罰金；（二）分租租費，依比例攤算，二房東利益不得超過百分之二十。卽房租如爲兩百元，加上電燈自來水（這兩項普通由二房東負担）費後，假定是兩百四十元，出租的房間如佔臥室四分之一，則三房客應負担六十元，外加二房東應得的利益百分之二十計十二元，所謂合法的租費，只有七十二元。（三）二房東出租房間須通知業主（大房東）。

但事實上找遍全港，也沒有這樣便宜的租金。做二房東的，自住還是良心平的，黑心的還要賺上一筆，貼補家用，因為他們負担一筆頂費。

按照法律，當三房客的遇到浮收租金，可以向警局或租務法庭告發，以往的判例是**由三房客直接向業主交租，即取銷二房東的**包租權，但這樣幹的很少。因為這樣一來，**三房客也無法住下去，涉訟費時，不去說他，即以平日的關掉電燈總掣，故意吵鬧，敲門不開，或於炊飯時擁塞在公用的廚房內，不讓三房客入內煑飯幾點而言，三房客便要逃之夭夭了。所以除非二房東的「虐待」真的不堪忍受，普通都能相安無事。**

粵籍人出租餘屋，大都「非眷莫問」，愛清靜的，又不許有小孩，所以想找房間，除了能出「鞋金」——即小費——和較高的房租而外，本身還要具備兩個條件：有太太，但沒有太多的小孩，最好是一個也沒有。

但香港的上海人則不同，他們出租餘房，都是找有安穩職業的單身人，取其糾紛較少，屋內也較清靜。

香港的「租務法律」，在實際上很少援用。租務的糾紛特別多，租務法庭積下的案子，時常要半年才能清理，前案未清，後案又到，法院應接不暇，遇到糾紛，能夠私下和解最好。

以上是租屋的一般情形。現在要談房屋本身了，香港房屋分洋樓與普通房屋兩種。洋樓用三合土鋼骨建築，內部房間分隔用磚牆（這種房間粵語呼「梗房」），有衞生設備，有的是獨幢，但大多數是每層一戶。這類房屋，以香港的半山區、跑馬地，七姊妹，銅鑼灣較多，九龍則以尖沙咀區，彌敦道兩側，太子道，九龍塘，何文田等區較多。其中九龍塘、半山區、跑馬地山坡上的房屋，設備最好，有花園及汽車間等設備，大都是獨宅的洋房。

第二種普通房屋，又分兩種，一種叫石屎樓（意即水泥造的房屋），一種是木樓。石屎樓非四層即三層，由於港府規定，形式很一律，也是每層一戶。內部直統的只有一個大房間，後面是廚房，前面是騎樓（洋台），有些好的，則有一小間工人房與廁所。這個大房間，必須由房客自己用木板去間格（每房不得小過六十四方呎）。按照港政府規定，不准用磚牆間隔，而且所用木板，只能半截，即上面須留四呎以上的空位。這種板壁，僅能遮斷視線，這個房間中在作些什麽，旁的房間中聲息俱聞。外省人遇到這類房屋，除非獨家住，否則莫不綯眉，其實習慣了也不覺得怎樣難堪，問題是極不謹愼。

沒有水廁（自來水馬桶）的石屎樓，除了樓下的廁所設在天井後外，樓上幾層的廁所，大都設在天台（屋頂）上，自備洋鐵皮製的糞桶，每天或隔一天由衞生局僱的工人淸除一次。如果廁所設在屋內，情形更壞，因爲衞生局的工人，倒糞大都是晚上一時起到天未明時止，半夜敲門呼喊，往往擾人淸夢。

住木樓的，則乘有石屎樓的缺點外，第一是不很堅固，易引火燭，第二是樓板漏水，謹防吵架。木樓以二層三層的居多，近因水泥價廉，有逐年減少下去的傾向。

二　電·煤氣·電話

自來水　香港有世界最優良的自來水，這是天落水，不像以河水爲水源的，其中含有許多雜質，所以極合工業上的使用。

但是成爲問題的，也是香港的自來水。如果沒有足夠的雨量（每年平均雨量約八十三·一四英吋），便要發生水荒，程度輕則實行制水，程度嚴重，只能雇了輪船，到其他的地方去裝運。

香港政府依着地勢，在山凹之處，建築了許多水池，匯積山上流下的雨水。又建築了許多濾水塘，濾清水中的砂與不潔雜質。

水塘名	完成年份	容量（單位萬加侖）
銀禱水禱	一九三六	三〇〇、〇〇〇
大潭篤水塘	一九一七	一四一、九〇〇
大潭水塘	一八八九	三八、四八〇
大潭支塘	一九〇九	二二、三七〇

大潭中內塘	一九〇七	一、五九一
九龍水塘	一九一〇	三五、二五〇
九龍支塘	一九三一	一八、五〇〇
香港仔水塘	一九三一	一七、八〇〇
石籬背水塘	一九二五	一一、六〇〇
薄扶林水塘	一八六九	六、六〇〇
黃泥涌水塘	一八九九	三、〇三四

以上幾個水塘，總容量達六十一億噸以上，如果有足夠的雨量，當能敷用。不過港九現有濾水池，只有十一個，其中香港有九個，九龍有兩個，每天的濾水能力，不過四千一百萬加侖，而每天的用水量，由於一九四九年下半年起因人口激增，已從三千六百萬加侖增加到四千五百萬加侖，所以還不能充分的供給市民需要。

按照各年的情形，香港是否會鬧水荒，要看五月到九月的雨季情形而定，如果雨少便要制水。這幾年來年年制水，制水的辦法是：

制水級數	停止食水時間
一級	下午十時到翌晨六時
二級	下午十時到翌晨六時，上午十時到下午四時半
三級	下午八時到翌晨六時，上午八時到下午四時半

四級　上午八時到翌晨六時

五級　僅有街上公共水喉供給食水，住戶完全停止。

到最嚴重的季節，香港祇有街邊的公共水喉供給食水，到那時各家各戶，排成長龍，非常狼狽。不過這種情形，只有世居香港的人才看見過。

平常在第一二級制水時，住在二樓以上的，在開放時期，也時常無水。浪費食水，政府規定要罰款，最高額是一百五十元，如水喉（自來水龍頭）損壞不修，或在鬧水荒時以自來水澆花園，都是犯法的。

香港水費很便宜，水賬大都寄給房東，由房東轉收，因為水表每幢祇有一個，而一幢常有三四個住戶的緣故。

電燈　香港的電燈，比內地強得多了。香港的電壓是二百伏脫，用電最多的時候如晚上八九時間，最低時常跌到一百七十五伏脫左右，因此電燈的光度較暗。

在香港新裝電燈，要等待相當時間，普通是一個月。裝電燈須請正式的電料店派人裝置（電燈匠都經政府考試登記合格）。裝費以盞計算，大約在十五元到二十元之間一盞。電料店接好線路，便代為向電燈公司申請裝錶，不另收費，等電燈公司驗過，便裝接電錶。電錶押櫃依用戶有電燈多少盞規定，折表時能憑單發還。

目前因為用戶增加，電燈公司對裝用粗皮線（電熱，如電爐、冰箱用電，摩打，熨斗等。無線電與電風扇不得用粗皮線，查出了要受罰。）非常審慎，不容易裝到。

電費方面，勝利後已幾次降低，香港本島方面，電燈每度三毫三，電力每度一毫四；九龍方面，電燈三毫七，電力一毫三。

由於電費便宜，延期交費的用戶不多，且幣値穩定，電燈公司對逾期交費者，不像國內那樣的立卽割線。

電話　香港電話共一七六三四具，其中香港一二九八四具，九龍四六五〇具，因爲總機的能力已盡於此，這幾年來很少有人能裝到新電話，申請單積壓了五千張。在供求不敷下，產生了電話的轉頂與黑市。不過因爲電話公司當局，取締極嚴，黑市漸少。

非法轉頂電話的費用，大約兩千多元到五千元，要看是什麼區域而定。其中比較安全的是連房屋一起頂。但更換戶名，幾無可能，取巧的辦法是多登一個戶名；如果要搬電話，查得很緊，稍有懷疑，便有拆掉的危險，所以頂入電話時，必須考慮到這個問題。電話公司已向英國購買新機，新機裝好，用戶可增加到三萬，到那時電話荒才能徹底消滅。

長途電話的發展，是一九四八年以後的事，已通話的地點，有廣州、澳門和馬尼拉台北、上海，倫敦，美國，其中上海因爲時局關係，不容易接到。

打長途電話的費用如下：

	廣州	澳門	馬尼拉	上海	台北	美國	倫敦
普通通話三分鐘	六元	六元	三十六元	二十一元	二十元	四十八元	六十元

延長時間	加急通話三分鐘	延長時間	私人通話三分鐘	延長時間	預約通話三分鐘	延長時間	銷號費	通話時間
每三分鐘六元	十二元	每三分鐘六元	九元	每三分鐘九元	十五元	每三分鐘十二元	一元二毫	上午七時半起至午夜
每分鐘二元	十二元	每分鐘四元	九元	每分鐘三元	十五元	每分鐘五元	二元	上午七時半起至下午八時
每分鐘十二元	—	—	—	—	—	—	九元	上午九時至十二時下午二時五時
每分鐘七元	四十二元	每分鐘十四元	卅一元五毫	每分鐘七元	五十二元半	每分鐘十四元	—	上午八至十一時半下午十二時半至六時例假上午九至十二時
每分鐘六元	四十一元	每分鐘十三元	三十元五毫	每分鐘六元	五十一元半	每分鐘十三元	—	同上
每分鐘十六元	—	—	—	—	—	—	—	下午三時至五時
每分鐘二十元	—	—	—	—	—	—	—	同上

煤氣　裝置煤氣，除原有煤氣管設備的地段外，不很容易。目前煤氣用戶，只有六千戶，還不到港九總戶數的百分之二。這六千戶，香港九龍約各佔半數。

裝煤氣，可以向中華煤氣公司申請，然後由公司派員調查，需要多少接管用費，通知用戶，其數目普通是百元左右。用戶按數繳款，卽可接駁。煤氣的價格是每千方呎十四元，合算起來比燒柴還廉。

煤氣灶、煤氣燒水爐（沐浴用），都可向公司租用。煤氣廠分設在香港的石塘咀，與九龍的土瓜灣兩處。

半山區的街燈，大都用煤氣。

三　醫藥衞生

在香港，公衆衞生，特別講究。衞生局的權力很大，工作効率也很高。戰爭結束初期，蠅蚋叢生，衞生當局曾派了飛機，在全港遍洒D．D．T．，收效頗大，至今猶雇經常有專人，拿着D．D．T．桶，在積水之處，終日巡行噴洒。

香港有個特殊的制度，就是「洗太平地」。洗太平地是逐地逐段舉行的，在洗太平地的前幾天，衞生局便派給通知書。到了日期，這一段的住戶店舖，家家戶戶，必須把所有平時不移動的傢俱，淸理一次，室內室外，如天台騎樓，扶梯走廊，全部打掃後用水冲洗。衞生人員在街上放着鐵製的巨桶，裏面剩着石炭酸水，供住戶洗濯有臭蟲的床板傢俱。住戶如需要一類的東西，他們也免費供給。事後由高級人員，逐戶驗過，如果不乾淨的要處罰。至於高等住宅區，驗得比較馬虎。

爲了防止鼠疫，衞生局對死鼠的處置非常週密，在街邊的電桿上，往往設有「老鼠箱」，捉到死鼠，就須放入，由衞生人員逐日取去。衞生局免費供給住戶撲滅老鼠的用具，如捕鼠器、膠板，需要者隨時可以向他們索取，完全免費。

如果遇到溝渠不通，發現積水的情形，可以寫信給衞生局，就會派人來通溝。至於公衆場所，如茶館酒店菜市，尤其查得嚴緊。

下面介紹的祇是關於遇到疾病，怎樣處置的問題。香港政府每年用於醫藥方面的經費，總達幾千萬元。政府辦的公立醫院醫局，有下面幾家：

名稱	地址	電話	附註
瑪麗醫院	薄扶林道	三四一四一	全科。有免費，有留醫設備，入院須由正式醫師介紹，或由公立醫局介紹。
西營盤醫院	醫院道	三三七五〇	專醫傳染病患者，門診部設大道西高陞戲院對面。
九龍醫院	九龍亞皆老街	五八〇七一	全科。有免費，有留醫設備。設有門診室，免費。

筲箕灣公立醫局	西灣河大街	二〇九九二	免費門診給藥，無留醫，（有留產所）。
香港仔公立醫局	香港仔大街	二九〇〇〇	同右。
中區公立醫局	甘肅街	五七〇四五	同右
東區公立醫局	石水渠街	二〇四七五	同右（附設留產院）
西區公立醫局	西營盤第三街	二一〇八二	同右
深水埗公立醫局	九龍醫局街	五七二三四	同右
紅磡公立醫局	九龍觀音街	五六二七七	同右
九龍城公立醫局	九龍隔坑村道	五七〇五一	同右
油麻地公立醫局	九龍甘肅街	五六七三一	同右
荔枝角醫院	九龍青山道	五八一〇三	附屬於瑪麗九龍兩醫院，屬療養院性質，留醫肺癆病，無門診。
贊育醫院	西營盤西邊道	二一九九〇	專門接生，可留產，收費極廉。
夏慤肺癆病診療所	摩利臣山道	三五三五二	專醫肺癆，完全免費給藥
夏慤牙科診療所	摩利臣山道	二〇七八五	牙科，免費。
牙科診療所	皇后大道西	三一五六七	同右。

律敦治肺病療養院	灣仔峽道		由夏慤診療所介紹。
夏慤嬰兒健康院	摩利臣山道	三九三五二	專醫嬰兒，免費。
九龍嬰兒健康院	尖沙咀彌敦道	五八九五二	同右。
西區嬰兒健康院	西營盤醫院內	三九二五二	同右。
西區性病診療所	西營盤醫院內	三三六二八	專醫性病，免費。
尖沙咀婦女性病診療所	九龍彌敦道	五六二六六	同右。
亞士厘道性病診療所	亞士厘道	五七二五一	同右。
灣仔性病診療所	灣仔道	三九二九二	同右。

此外，在新界大埔有大埔醫局，元朗有元朗醫局，沙頭角有沙頭角醫局，粉嶺有何東醫局，屯門有新墟醫局，性質與各公立醫局相同，都是免費門診及給藥。

但是香港人口如此之多，一個公立醫院，每天最多祇能應付一百多號病人，因此粥少僧多，不很容易就診。到這些公立醫院去，先要輪籌（排隊拿號數），大都是上午九時開始，但事先來輪籌的人，有早上三點鐘便去的，也有隔夜睡在醫院前的，景況十分悽慘。當然，公務人員、意外受傷者（如自殺撞車等），和醫生介紹來的傳染病人，可以有優先權，或隨到隨時入院，但究屬少數。

因此稍有能力的病者，都甯可花幾個錢，請醫生或到私立醫院去，不過私立醫院，對待窮苦病者，不見得比公立醫院更好些。下面是私立醫院的情形：

東華醫院	普仁街	二八一六六	善款，政府補助，有免費，中西醫俱有。
東華東院	掃捍埔	二六六四八	同右。
廣華醫院	廣華街	五七〇四一	同右。（以上卽東華三院）
那打素醫院	般含道	二七七八六	商辦政府補助，全科，以接生名，有免費。
養和醫院	山村道	二六六四一	商辦，全科，貴族化醫院。
法國醫院	銅鑼灣道	二一九一二	天主教會辦，全科。
聖德勒撒醫院	太子道	五九二六二	同右。（俗稱九龍法國醫院）
寶血醫院	靑山道	五六五三七	同右。
聖法蘭西醫院	聖法蘭西街	二二八五四	同右。
聖保祿醫院	加路連道	三四一四一	同右。
太和醫院	般含道		商辦，全科。
樂生醫院	大道中	二四七五一	商辦。
大佛醫院	德輔道中	二八二二四	商辦。
何妙齡醫院	般含道	二七七八六	商辦。
馬島醫院	灣仔道	二〇五四八	商辦。
惠德頤養院	巴丙頓道	三三八〇〇	商辦。
山頂醫院	山頂奇列士	二九〇七八	商辦。

精神病療養院　般含道高街　三九二九四　商辦。

急病的病人，意外受傷者，都可以用電話召喚救傷車到家中將病人載去，救傷車中有看護在車中先行急救。救傷車有：九龍醫院救傷車（電話五七四〇五），瑪麗醫院救傷車（電話二四六二一），聖約翰救傷車等。

假使是輕病，毋需進醫院，則香港有許多中西醫。中醫可以在報紙廣告中找到，西醫則因港府規定不得登廣告（凡登廣告的都不是正式西醫），故除了朋友介紹外，只能在街招上去找（中環幾個行、如華人行，畢打行中很多），懸有西醫招牌的（不是「醫師」招牌，或「專醫何病」的招牌），都是可靠的。因爲要做西醫，必須向港府登記合格。他們的資格，非英國的醫校畢業，即須香港大學醫科畢業。戰前日本醫校畢業的也可懸牌，戰後已取銷，其他各國的（包括美國和德國），從來不准登記，這是港府爲保障英國學校畢業醫生而特定的一種辦法。

比較有名的醫生，有看婦科的印度醫生三美（公主行，電話三三一九三），看眼科的黃錫滔（畢打行三樓，電話二二五四一），和內科的胡惠德（亞力山打街二樓），都是上流社會所信任的。其他紅醫生還多，但醫生的紅否，還有是否長於交際的問題，故不再贅述。

還有兩個情形，是香港特有的：（一是牙醫特別多，有一百多名，都是港府註冊合格的。二是懸着「二姑」「三姑」「四姑」照牌的，則是接生婆，但都是醫校出身，經過考試的。大凡設立一個留產所，總特約有合格的西醫，準備難產時動手術，接生婆是不准動手術的。

四　有關一般居民的法律

領身份證　爲了中國時局的影響，香港政府已舉行居民登記，凡屬非公務員的十二歲以上的居民，都要向政府登記，領取身份證。

人口登記局，設在利舞台附近的新電話大廈五樓，有職員一百三十人。登記方式有兩種：一種是由僱主代職工申請，現在（一九四九年九月）已經開始，一種是個人自行申請，現在尚未開始。

登記的步驟如下：（一）工廠商行，將本廠的職工，列成簡單表格，在指定日期內，分別國籍（分中國、歐洲、其他種族三種），呈報人口登記局。（二）人口登記局依據該項報告，發給「身份證表格一」，交給僱主，這種表格有甲乙兩張，由僱主徵詢所屬職工的家屬情況，塡寫後，將乙張送呈人口登記局。（三）由人口登記局依據表格，製成「身份證」。（四）辦妥後由人口登記局通知僱主，在約定的日期，集合職工及其家屬，到指定的拍照處去，或到工廠商店來拍。拍照不要付錢。（五）拍照的時候，人口登記局在「身份登記表一乙」的那張單上，註了號碼，交回拍照者，作爲將來領「身份證」的憑據。(六)拍照後一星期內，人口登記局再與僱主約定時間，召集職工及其家屬，憑單到人口登記局去親身領取貼有照片的「身份證」。在領證時，在身份證上及人口登記局的存根上蓋左手母指的指摸印。

此後僱主要每月填一次報告，呈報職工及其家屬身故、離港、離職的情形。

上面所指的職工家屬，要除掉兩種人：一種未滿十二歲的兒童，不必呈報，待其滿十三歲時再報。一種是本身自有職業的家屬，由他本身供職的商行代報，以免重覆，一個人只准報一次。

現在已登記的是工廠商行。將來再登記自營事業的人，如小販。最後才登記無職業個居民。要登記的時候，政府自會在報上公告。

九龍的新界方面，人口登記局準備組織若干流動小組，與各村莊的主持人，分在各村莊組織臨時的辦事處，減少新界居民跋涉之勞。

婚姻法例　香港的婚姻註冊不是强迫的，而是自願的，只能說權利，而不是義務。註冊過的人總以為多一種保障，對於無力舉行婚禮的人，婚姻註冊不失為一種良好的制度。

凡欲結婚註冊的，可以依法填寫申請書，遞呈高等法院內的婚姻註冊處，經審核認為與法律並無牴觸，才能夠自行結婚（如在教堂舉行），或者就在署內由婚姻註冊官為之證婚。但如申請書遞送三月，還不結婚，原有的申請便作無效。

男子沒有滿廿一歲（十足算法，下同），女子沒有滿十六歲，則未足歲的一方，必須有父母的書面許可。父母都亡故，則須有監護人代爲簽字。這種許可書，也要經婚姻註冊處認爲合法，才能有效。結婚時由婚姻註冊處頒給政府的結婚證書。

下列幾種情形是犯法的：（一）與未足合法年齡的人結婚，而未取得其正當監護人的書面許可，犯此者處二年以下有期徒刑。（二）已婚而配偶尙存，未經離異（須滿法定上訴期限），即與第三者結婚，處七年以下有期徒刑。（三）若喪偶續配，除了當事人兩造同意外，還要兩個證人證明喪偶屬實，否則處兩年以下有期徒刑。至於當證婚人的，不論他所證婚的，有否向政府註冊，如這個婚姻有觸犯法律處，也要判徒刑。

離婚則限制頗嚴。提出離婚的一方（原告）必須對方（被告）犯了：（一）與人通姦，（二）强姦、雞姦或獸姦。但如果犯通姦罪的原因出於（甲）因原告縱容，或由原告串通第三者；（乙）原告先犯姦淫罪；（丙）在被告未與人通姦前，原告已將之遺棄；（丁）原告行爲不端，致使被告犯通奸罪的。……有這幾個原因，被告不願離婚時就不准離婚。還有兩種情形不准離婚：（戊）屬於基督敎（指英國國敎）的，（巳）在婚姻註冊處註冊結婚的。

離婚固然被限制甚嚴，但犯了下面幾種情形，可以請求法庭判決婚約無效：（一）結婚或投呈時，對方患陽萎或虛弱，因而不能人道的；（二）兩方因原爲近系親屬，在法律上原本要禁止的；（三）結婚時對方患癲狂、神經錯亂或白痴的；（四）結婚時一方之前妻或前夫仍生存、而未經離異的；（五）結婚由於權勢所迫或騙詐的；（五）其原他本不合法的婚約。

不能離婚或不願離婚的人，如果因對方虐待、無故遺棄、宿娼、通姦，可以請法庭判准分居兩年或兩年以上。若因通奸或宿娼而造成的分居，在通娼或宿姦的一方能提出證據，證明已與第三者完全絕交時，便可以請求對方恢復同居。

至於離婚後的贍養費，不論原告是男方或女方，女方都可以請求判男方負担贍養費。但其數目不能超過丈夫實際收入的五分之一，且以三年爲限。如男方無力負担，法庭可判酌減或暫時停止，到收入多時每行增加或恢復。

離婚後的子女，仍有承襲遺產權利，若女方因犯姦淫而離異，女方應有的財產權利，法庭可判歸男方，或判給同生的子女。

生死註册　嬰兒在港出生，家長須向生死註册處（在干諾道中）報告。一種方法是由醫院或接生醫師代報，一種方法是自已報。

領證以前，嬰兒須已種牛痘，並有醫生的種痘證明書。領出生證費祇需港幣一元。領出生證的好處，只在證明小孩是何人所生，對於承襲遺產有相當關係。或可持作婚姻上的旁證。除此之外，凡領出生登記的人，香港政府承認爲「香港人」，犯了罪不能遞解出境。

死人也須登記，不登記的人查到了犯瞞報之罪，但登記了屍體必須交給政府的驗屍房驗過。有些人不願意驗，便謊報肺癆而死，因爲肺癆死者可以免驗。所以香港的死亡統計中，死於肺癆的特多，常佔總死亡數的百分之九十。實則其中有不少並非死於肺癆。

除了以上所述的幾項法律外，有關一般居民的，如報所得稅（每年收入在七千元以上者，始有繳稅資格，有妻室子女者免徵額還要增加）等，與個別的人有關的如教師註冊，社團註冊，小販法例，業主與租戶條例，及各種商務上應用的法律，這裏不再詳述了。

五　郵電常識

寄信與拍發電報是住在香港的人時常遇到的事。此處僅摘要略述其常識與價目：

郵政　（一）郵局地址：中環必打街「郵政總局」，上環街市摩理臣街「上環分局」，西營盤薄扶林道「西營盤分局」，灣仔皇后大道東「灣仔分局」，九龍疏利士巴利道「尖沙咀分局」，九龍水渠街「油麻地分局」，九龍南昌街「深水埗分局」。總局辦公時間星期一至五由上午八時起至下午五時止。星期六由上午八時起至下午一時止。星期日及假期由上午八時起九時止。各分局（除上環）與總局同，但星期六下午不休假。上環分局每日由上午八時起至下午七時止，星期及例假由上午八時起至九時止，下午六時起至七時止。

（二）郵局出租的信箱有兩種，大者年租二十元，小者年租十元，計費由每年一月起。租者應先去函申請，獲准後繳押櫃二元，領取鎖匙。如欲退租，應退還鎖匙。但目前無論港九，郵箱均已租完，香港尤難租得。信箱取信時間爲每日上午七時起至下午十時，星期日及例假，由上午八時起至十時。

水陸郵費表（單位元）

	信函	明信片	印刷品
港九新界（本港）	○.一○	○.○五	○.○二
中國澳門	○.一○	○.○五	○.○二
英國英屬地埃及蘇丹	○.二○	○.一○	○.○五
其他各國	○.三○	○.二○	○.○五

航空郵費表（單位元）

	信函	明信片	印刷品
馬來亞緬甸	○.四○	○.二○	○.四○
中國日韓菲暹越印埃及近東	○.六○	○.三○	○.四○
英愛澳洲荷印	○.八○	○.四○	○.四○
紐西蘭英屬地荷屬東非	一.○○	○.五○	○.四○
歐洲土耳其地中海	一.五○	○.七五	○.四○
檀香山	一.五○	○.七五	○.四○

加拿大美國紐芬蘭英屬西印屬	二．〇〇	一．〇〇	〇．四〇
美洲各英屬地	二．三〇	一．一五	〇．四〇
南美	二．五〇	一．二五	〇．四〇
其他美洲各地	三．〇〇	一．五〇	〇．四〇

以上普通水陸運的信函，以每盎斯計，航空信以半盎斯為單位。如掛號，每封信另加三毫。

寄包裹須先向郵局領報關單（總郵政局之後門入內），須塡幾張。寄美國的航空包裹收費如下：印刷品每盎斯一元半；商業宣傳品第一盎士七元半，每加一盎斯加一元半；小包第一盎斯七元半，每加一盎斯加一元半；大包第一磅十每元，加四盎斯兩元半。

電報　打電報過去有中國電報局，自一九四八年間該局被禁設港，現在打電報的地方，只有大東電報局了。

大東電報局	香港於仁行樓下（郵政總局對面角上）	上午八時至晚十時
收報處	郵政總局三樓	晚十時以後
九龍收報處	半島酒店	上午七時至下午七時

拍電報分四種，一為普通電，二為慢電，三為慢信電，慢信電以廿五字為單位，廿五字以上另加。四為加急電，加急電照普通電加倍計費。

發中文電報，最好自譯，否則電報局可代譯。若用英文，每一字以十個字母爲限，都須寫於電報局印就之格式紙上。

拍發慢電，須在電報之第一字前，加寫下列符號：英文慢電L・C・O，法文慢電L・C・F，中文或其他國文慢電L・C・D。電報收費表如下：

	普通電 每字	慢電 每字	慢信電 廿五字	每加一字
中國　中文	○・二七	—	—	—
英文	○・五四	—	—	—
英國及英屬地	一・○○	○・五○	八・三四	每元三字
荷蘭荷印及美國	一・二○	○・六○	一○・○○	○・四○
歐洲（除荷蘭）	四・○五	二・○二二	三三・七五	一・三五
馬尼拉	○・八○	○・四○	六・六七	○・二六餘
澳門	○・一二	—	—	—
韓國及日本	一・八五	○・九二五	一五・四二	○・六一餘
暹羅	二・二五	一・一二五	一八・七五	○・七五
安南	一・八○	○・九○	一五・○二	○・六○

FOONG ENAMEL FACTORY LTD.
COCK
九豐搪瓷公司
金雞牌搪瓷器
香港
九豐搪瓷有限公司出品
·九龍荃灣四四五號地段·

年年出版
愈出愈精

嘉華日記

內容精 紙張靚
裝璜美 款式多

嘉華印刷有限公司印製
德輔道西三〇八號
電話：三二七八一

最新香港指南

定價：每册二元

版權所有・翻印必究

編輯者　湯建勛
發行人　阮大勛
發行者　民華出版社
香港德輔道西三〇八號
印刷者　嘉華印刷有限公司
香港德輔道西三〇八號
電話：三二七八一

一九五〇年二月出版

馬頭牌
琺瑯器皿
香港新華琺瑯廠出品

聲譽高々一等
天廚
味精
味宗
品質越出越精
天廚味精製造廠出品

先具宏大的設備！
後有精良的出品！
金錢牌
搪瓷器　牌子老！！
熱水瓶　品質好！！
益豐搪瓷公司
金錢熱水瓶公司　出品

書名：最新香港指南（一九五零）
系列：心一堂　香港・澳門雙城成長系列
原著：湯建勛 編著
主編・責任編輯：陳劍聰

出版：心一堂有限公司
通訊地址：香港九龍旺角彌敦道六一〇號荷李活商業中心十八樓〇五一〇六室
深港讀者服務中心：中國深圳市羅湖區立新路六號羅湖商業大厦負一層〇〇八室
電話號碼：(852) 67150840
網址：publish.sunyata.cc
淘宝店地址：https://shop210782774.taobao.com
微店地址：　https://weidian.com/s/1212826297
臉書：　　　https://www.facebook.com/sunyatabook
讀者論壇：　http://bbs.sunyata.cc

香港發行：香港聯合書刊物流有限公司
地址：香港新界大埔汀麗路36號中華商務印刷大廈3樓
電話號碼：(852) 2150-2100
傳真號碼：(852) 2407-3062
電郵：info@suplogistics.com.hk

台灣發行：秀威資訊科技股份有限公司
地址：台灣台北市內湖區瑞光路七十六巷六十五號一樓
電話號碼：+886-2-2796-3638
傳真號碼：+886-2-2796-1377
網絡書店：www.bodbooks.com.tw
心一堂台灣國家書店讀者服務中心：
地址：台灣台北市中山區松江路二〇九號1樓
電話號碼：+886-2-2518-0207
傳真號碼：+886-2-2518-0778
網址：http://www.govbooks.com.tw

中國大陸發行　零售：深圳心一堂文化傳播有限公司
深圳地址：深圳市羅湖區立新路六號羅湖商業大厦負一層008室
電話號碼：(86)0755-82224934

版次：二零一八年十二月初版，平裝

定價：港幣　一百零八元正
　　　新台幣　四百八十元正

國際書號 ISBN 978-988-8582-12-9

版權所有 翻印必究